O CONTADOR DE HISTÓRIAS

Cenas escolhidas

aís do Carnaval, Cacau, Suor, Jubiabá, Mar morto, Cap
ras do sem-fim, São Jorge dos Ilhéus, Bahia de Todos-c
iberdade, Os ásperos tempos, Agonia da noite, A luz nc
carregou seu defunto, Os velhos marinheiros ou O capit
ompadre de Ogum, Os pastores da noite, As mortes e c
agres, Tereza Batista cansada de guerra, O gato malhad
dormir, O milagre dos pássaros, O menino grapiúna, A b
otagem, A descoberta da América pelos turcos, Hora da
oitães da Areia, ABC de Castro Alves, O cavaleiro da esp
Santos, Seara vermelha, O amor do soldado, Os subterrâ
el, Gabriela, cravo e canela, De como o mulato Porciúncu
ongo-curso, A morte e a morte de Quincas Berro Dág
nfo de Rosalinda, Dona Flor e seus dois maridos, Tenda
ndorinha Sinhá, Tieta do Agreste, Farda, fardão, camisol
oleiro, Tocaia Grande, A descoberta da América pelos tu
or, Jubiabá, Mar morto, Capitães da Areia, ABC de Cas
Ilhéus, Bahia de Todos-os-Santos, Seara vermelha, O an
onia da noite, A luz no túnel, Gabriela, cravo e canela, D
sinheiros ou O compadre de Ogum, A morte e a mort
noite, As mortes e o triunfo de Rosalinda, Dona Flor e
rra, O gato malhado e a andorinha Sinhá, Tieta do Agre
nino grapiúna, A bola e o goleiro, Tocaia Grande, O sun
os turcos, Hora da Guerra, O país do Carnaval, Cacau, Su
cavaleiro da esperança, Terras do sem-fim, São Jorge dc
dado, Os subterrâneos da liberdade, Os ásperos tempos, A
nulato Porciúncula, Gabriela, cravo e canela, Os velhos
incas Berro Dágua, O compadre de Ogum, Os pastores c
ridos, Tenda dos Milagres, Tereza Batista cansada de gue
dão, camisola de dormir, O milagre dos pássaros, O men
érica pelos turcos, Hora da Guerra, A luz no túnel, O

da Areia, ABC de Castro Alves, O cavaleiro da esperan
tos, Seara vermelha, O amor do soldado, Os subterrân
el, Gabriela, cravo e canela, De como o mulato Porciúnc
e-longo-curso, A morte e a morte de Quincas Berro Dág
nfo de Rosalinda, Dona Flor e seus dois maridos, Tenda
andorinha Sinhá, Tieta do Agreste, Farda, fardão, camis
o goleiro, Tocaia Grande, O sumiço da santa, Navegação
rra, O país do Carnaval, Cacau, Suor, Jubiabá, Mar mor
a, Terras do sem-fim, São Jorge dos Ilhéus, Bahia de Tod
da liberdade, Os ásperos tempos, Agonia da noite, A luz
scarregou seu defunto, Os velhos marinheiros ou O capit
compadre de Ogum, Os pastores da noite, As mortes
Iilagres, Tereza Batista cansada de guerra, O gato malhad
ormir, O milagre dos pássaros, O menino grapiúna, A bol
Hora da Guerra, A luz no túnel, O país do Carnaval, Cac
ves, O cavaleiro da esperança, Terras do sem-fim, São Jo
soldado, Os subterrâneos da liberdade, Os ásperos temp
o o mulato Porciúncula descarregou seu defunto, Os vell
Quincas Berro Dágua, O compadre de Ogum, Os pasto
ois maridos, Tenda dos Milagres, Tereza Batista cansada
arda, fardão, camisola de dormir, O milagre dos pássaros,
a santa, Navegação de cabotagem, A descoberta da Amér
biabá, Mar morto, Capitães da Areia, ABC de Castro Alv
us, Bahia de Todos-os-Santos, Seara vermelha, O amor
da noite, A luz no túnel, Gabriela, cravo e canela, De cor
heiros ou O capitão-de-longo-curso, A morte e a morte
e, As mortes e o triunfo de Rosalinda, Dona Flor e seus d
gato malhado e a andorinha Sinhá, Tieta do Agreste, Far
apiúna, A bola e o goleiro, Tocaia Grande, A descoberta
o Carnaval, Cacau, Suor, Jubiabá, Mar morto, Capitães

COLEÇÃO JORGE AMADO

Conselho editorial Alberto da Costa e Silva
Lilia Moritz Schwarcz
Coordenação editorial Thyago Nogueira

O país do Carnaval 1931
Cacau 1933
Suor 1934
Jubiabá 1935
Mar morto 1936
Capitães da Areia 1937
ABC de Castro Alves 1941
O cavaleiro da esperança 1942
Terras do sem-fim 1943
São Jorge dos Ilhéus 1944
Bahia de Todos-os-Santos 1945
Seara vermelha 1946
O amor do soldado 1947
Os subterrâneos da liberdade
Os ásperos tempos 1954
Agonia da noite 1954
A luz no túnel 1954
Gabriela, cravo e canela 1958
De como o mulato Porciúncula descarregou seu defunto 1959
Os velhos marinheiros ou O capitão-de-longo-curso 1961
A morte e a morte de Quincas Berro Dágua 1961
Os pastores da noite 1964
O compadre de Ogum 1964
As mortes e o triunfo de Rosalinda 1965
Dona Flor e seus dois maridos 1966
Tenda dos Milagres 1969
Tereza Batista cansada de guerra 1972
O gato malhado e a andorinha Sinhá 1976
Tieta do Agreste 1977
Farda, fardão, camisola de dormir 1979
O milagre dos pássaros 1979
O menino grapiúna 1981
A bola e o goleiro 1984
Tocaia Grande 1984
O sumiço da santa 1988
Navegação de cabotagem 1992
A descoberta da América pelos turcos 1992
Hora da Guerra 2008
O contador de histórias 2012

Jorge Amado
O CONTADOR
DE HISTÓRIAS
CENAS ESCOLHIDAS

Organização
Heloisa Prieto

Copyright © 2012 by Grapiúna — Grapiúna Produções Artísticas Ltda.

Grafia atualizada segundo o Acordo Ortográfico da Língua Portuguesa de 1990, que entrou em vigor no Brasil em 2009.

Capa e projeto gráfico Retina78

Revisão Luciana Baraldi *e* Renata Favareto Callari

Texto estabelecido a partir dos originais revistos pelo autor. Os personagens e as situações desta obra são reais apenas no universo da ficção; não se referem a pessoas e fatos concretos, e não emitem opinião sobre eles.

Dados Internacionais de Catalogação na Publicação (CIP)
(Câmara Brasileira do Livro, SP, Brasil)

Amado, Jorge, 1912-2001
O contador de histórias : cenas escolhidas / Jorge Amado ; organização Heloisa Prieto. — 1ª ed. — São Paulo : Boa Companhia, 2012.

ISBN 978-85-65771-00-9

1. Amado, Jorge, 1912-2001 2. Contos brasileiros 3. Escritores brasileiros – Crítica e interpretação I. Prieto, Heloisa II. Título.

12-07805	CDD-869.98

Índice para catálogo sistemático:
1. Escritores brasileiros : Apreciação crítica : Literatura brasileira 869.98

[2012]
Todos os direitos desta edição reservados à
EDITORA SCHWARCZ S.A.
Rua Bandeira Paulista, 702, cj. 32
04532-002 — São Paulo — SP
Telefone (11) 3707-3500
Fax (11) 3707-3501
www.companhiadasletras.com.br
www.blogdacompanhia.com.br

Sumário

9   *Um mestre da narrativa*
Heloisa Prieto

15   *Jubiabá*, 1935
A luta

23   *Mar morto*, 1936
Embolada

33   *Capitães da Areia*, 1937
Histórias furtadas

41   *Seara vermelha*, 1946
Noca

47   *Gabriela, cravo e canela*, 1958
Vida nova na cidade

57   *Os velhos marinheiros ou
O capitão-de-longo-curso*, 1961
O telescópio

63   *A morte e a morte de Quincas
Berro Dágua*, 1961
Quincas Berro Dágua

69   *Dona Flor e seus dois maridos*, 1966
Por volta da meia-noite

77   *Tenda dos Milagres*, 1969
Pobres, pardos e paisanos

83   *Tereza Batista cansada de guerra*, 1972
Esponsais

89   O *sumiço da santa*, 1988
Oxalá, o maior de todos

101   *A descoberta da América pelos turcos*, 1992
Guerra Santa

109   Trajetória de Jorge Amado

UM MESTRE DA NARRATIVA

Heloisa Prieto

Apaixonado pela mitologia afro-brasileira, Jorge Amado não só mencionava os orixás com frequência, como também parecia desvendar as ricas nuanças de seus mitos em múltiplas variações. Era como se as divindades fornecessem diversas narrativas e servissem como fonte para a construção dos personagens dos livros do escritor. Por exemplo, Oxum, deusa sedutora, protetora das crianças, pode ser comparada à irresistível Gabriela, cravo e canela, uma figura encantadora criada por Jorge Amado. Assim como Balduíno, o guerreiro imbatível, e Nacib com seu jeito tranquilo, são muitos os personagens cujas vidas ficcionais parecem dialogar com alguns temas da mitologia afro-brasileira.

Segundo o candomblé, todos vivemos de acordo com os odus, narrativas míticas que refletem os dilemas existenciais dos seres humanos. Neles, conhecemos as diferentes maneiras por meio das quais os deuses lidam com os próprios dilemas. Oxalá, por exemplo, o mais criativo de todos, reluta em doar sua criação ao mundo. Ogum, o deus do movimento, cria sem parar, mas tem dificuldades em desfrutar da beleza e da serenidade.

A Bahia, que é cenário e personagem das aventuras de Jorge Amado, também aparece nos romances como se fosse um amplo mito de origem, berço de grandes heróis que enfrentam perigos incríveis, como nas antigas sagas. No entanto, humor e irreverência emprestam um tom de leveza às narrativas, como se o autor evitasse, a todo custo, a voz solene que muitas vezes marca a prosa entrelaçada a mitos.

Além de imprimir uma interpretação muito pessoal ao universo de sua Bahia encantada, Amado ousa ao romper com a própria estrutura escolhida. Cria enredos inesperados, amarra os acontecimentos de maneira inusitada, prendendo completamente o leitor aos seus textos. É um verdadeiro contador de histórias, como ele se autodefinia.

Italo Calvino refere-se aos primeiros contadores de histórias como homens que usavam a narrativa para explorar diferentes possibilidades de linguagem. Histórias sobre animais, peixes, aves ou antepassados permitiam que o contador formasse inúmeras combinações entre os personagens e seus atos, trocando ainda os objetos que portavam ou desejavam, criando sempre novas versões e significados para enredos antigos.

As histórias de Jorge Amado também ganharam novas versões em diferentes suportes: saíram dos livros para habitar o teatro, a televisão e o cinema, provavelmente por conta de sua firme construção narrativa, pelos diálogos vívidos dos personagens e o domínio na arte de suspender os fatos e surpreender os leitores. Grandes cineastas — como Glauber Rocha, que lhe dedicou o livro *Riverão Sussuarana* — foram os primeiros a reconhecer o impacto primordial da mitologia que parece impregnar cada protagonista de Amado, conferindo-lhe o poder de saltar fora das páginas e assombrar ou encantar o imaginário íntimo de pessoas cuja realidade é distante de sua Bahia ensolarada.

Cecília Amado, diretora do longa-metragem *Capitães da Areia*, afirmou que o sonho de seu avô, Jorge, era ter sido diretor de cinema. Ao transpor para as telas as cenas de aventura protagonizadas pelo bando de infratores que vivem no trapiche abandonado, Cecília cumpria o desejo acalentado pelo avô: fazer com que a história dos meninos pobres habitasse as salas de cinema, espaço que os próprios personagens do livro frequentavam, enquanto plateia inquieta, sedenta por heróis, diversão e alento. "Bom lugar é nos cinemas", diz um deles.

Narrativas cinematográficas contêm sequências de ações, causas e efeitos, climas psicológicos, personagens, cenas descritivas de cenários. Assim como nos livros, a história pode estar centrada nos protagonistas ou nos personagens coadjuvantes, pode ser narrada em primeira ou terceira pessoa, apresentar o tempo linear, fragmentado, ou em retroação. Nos mais diferentes suportes, a arte de narrar é sempre a grande busca dos escritores e roteiristas, e nisso Jorge Amado era mestre de mão cheia.

Leitor das histórias de cordel, Amado aprendeu a narrar através das imagens, imprimindo um estilo de prosa gerador de cenas inesquecíveis. Apropriou-se também da sonoridade dos poetas populares e os homenageia muitas vezes, transformando-os em personagens. Tampouco se esqueceu da técnica do folhetim, do século XIX, de interromper a narrativa no momento crucial, fazendo com que o leitor ansiasse pela publicação do próximo capítulo. Chamada de técnica do "ponto de virada", ela é utilizada até os dias de hoje nos filmes de ação.

"Cada história traz, em si, sua própria técnica", afirma Gabriel

García Marquez, escritor e roteirista. Em *Dona Flor e seus dois maridos*, por exemplo, Jorge Amado inicia a narrativa onde geralmente ela termina: a morte do personagem principal. Não apenas inverte a ordem convencional, como também cria a mais engraçada de todas as histórias de fantasmas, uma narrativa impregnada por um humor absurdo e irreverente. Mudando as regras do jogo da prosa sobrenatural, Amado evita cemitérios assustadores, caveiras e caixões. Vadinho, o fantasma sedutor e malandro, aguarda sete anos até aparecer para assombrar sua bela viúva, que a essa altura casara-se de novo com o farmacêutico Teodoro. Debochado, o fantasma de Vadinho surge como um ponto de virada que transtorna o cotidiano de Dona Flor, resgatando-lhe o que a vida tem de melhor: o amor, a cumplicidade.

Já Balduíno, órfão que se torna campeão de boxe, é introduzido por Jorge Amado em plena cena de ação: uma luta violenta. A partir daí, a narrativa é feita em retroação, técnica mais uma vez típica do cinema. Como numa verdadeira homenagem à sétima arte, Jorge Amado brinda o leitor com uma história de estrada (ou *road movie*, no jargão cinematográfico), na qual o personagem conquista a compreensão da vida por meio de peripécias vividas em diversos lugares.

"No cinema, jamais se mente o suficiente", afirmou Eric Rhomer, o grande cineasta francês. Em termos de narrativa, a mentira pode ser uma maneira de atingir verdades, gerar compreensões menos factuais e mais simbólicas. Com o uso da ironia ou da paródia é possível se defender, por meio da negação, valores como sinceridade, solidariedade e liberdade. Mentirosos rendem belos personagens tanto no cinema quanto na literatura.

Como é o caso de *Os velhos marinheiros ou O capitão-de-longo-cur-*

so, livro que tem a mentira como questão central, e que conta a história da chegada do comandante Vasco Moscoso Aragão na pacata Periperi, um vilarejo nas proximidades de Salvador. Aragão, com sessenta anos, diz ter resolvido parar com as viagens e gozar a velhice por ali, e constrói em torno de si todo um cenário de velho lobo do mar: mapas, telescópios e até mesmo copos que teriam vindo de navios. Logo seduz a população local com suas histórias cheias de aventuras, mas desperta a suspeita de um fiscal aposentado. Seria o tal capitão uma fraude? Nessa obra Amado esbanja humor, construindo o personagem de maneira inusitada: por meio do cenário. Ao longo da leitura acompanhamos o olhar do narrador passeando por objetos emblemáticos, como uma câmara cinematográfica.

Para homenagear o amor de Jorge Amado pela sétima arte, selecionamos sequências narrativas, fragmentos, descrições de personagens, diálogos e cenários das obras do autor, montando esta antologia como um verdadeiro trailer de cinema. Nela, o leitor encontrará cenas inesquecíveis, um convite para futuros mergulhos nas obras completas.

Jorge Amado lança sua rede a cada fragmento de texto. Compartilhar de seu mundo é tirar a venda e desafiar o senso comum, abrindo o coração para compreender e, naturalmente, encantar-se e se divertir. Finalmente, caberá a cada leitor o desafio de fazer seu próprio percurso ao longo dos textos, construindo sua seleção pessoal de cenas e diálogos preferidos, montando o seu filme em sua tela mental, aquele do seu Jorge Amado, o da sua Bahia secreta.

Heloisa Prieto nasceu em São Paulo, em 1954. É formada em Letras e mestra em comunicação e semiótica. Iniciou sua carreira de escritora quando contava histórias para crianças. Atualmente tem mais de quarenta livros publicados.

JUBIABÁ

1935

Os cavaleiros andantes, os peões, os aventureiros e os lutadores do Nordeste, entre outras figuras míticas, sempre foram fonte de inspiração para as cantigas de cordel. Indo ao encontro dessa tradição narrativa, Jorge Amado dá corpo a um desses personagens legendários, Antônio Balduíno, e conta a história do órfão nascido no morro do Capa-Negro, cuja trajetória errante surpreende e cativa.

Inicialmente boxeador, ele passa pelo trabalho braçal nas plantações de fumo e, após cometer um crime, se transforma em fugitivo — e assim, ao longo das tantas peripécias, vai ampliando e transformando sua compreensão da vida. É notável o episódio em que conhece a vida no circo, quando, em meio à narração de uma jornada cheia de vitórias emocionantes e derrotas imprevisíveis, o texto adquire um tom quixotesco, onírico. A cena escolhida, também repleta de um encantamento singular, pertence ao primeiro capítulo, no qual o personagem surge em pleno ringue, numa luta espetacular.

A LUTA*

A multidão se levantou como se fora uma só pessoa. E conservou um silêncio religioso. O juiz contou:

— Seis...

Porém antes que contasse sete o homem loiro se ergueu sobre um braço, com esforço, e juntando todas as forças se pôs de pé. Então a multidão se sentou novamente e começou a gritar. O negro investiu com fúria e os lutadores se atracaram em meio ao tablado. A multidão berrava:

— Derruba ele! Derruba ele!

O largo da Sé pegara uma enchente naquela noite. Os homens se apertavam nos bancos, suados, os olhos puxados para o tablado onde o negro Antônio Balduíno lutava com Ergin, o alemão. A sombra da igreja centenária se estendia sobre os homens. Raras lâmpadas iluminavam o tablado. Soldados, estivadores, estudantes, operários, homens que vestiam apenas camisa e calça, seguiam ansiosos a luta. Pretos, brancos e mulatos torciam todos

---

* Os títulos dos trechos foram criados pela organizadora.

pelo negro Antônio Balduíno, que já derrubara o adversário duas vezes. Daquela última vez parecera que o branco não se levantaria mais. Porém antes que o juiz contasse sete ele se levantou e continuou a lutar. Houve entre a assistência palavras de admiração. Alguém murmurou:

— O alemão é macho mesmo...

No entanto continuaram a torcer pelo negro alto que era campeão baiano de peso pesado. Gritavam agora sem parar, desejosos de que a luta tivesse um fim, e que esse fim fosse com Ergin estendido no chão. Um homenzinho magro, cara chupada, mordia um cigarro apagado. Um negro baixote ritmava os berros com palmadas nos joelhos:

— Der-ru-ba e-le... Der-ru-ba e-le...

E se moviam inquietos, gritavam que se ouvia na praça Castro Alves.

Mas aconteceu que no outro round o branco veio com raiva em cima do negro e o levou às cordas. A multidão não se importou muito esperando a reação do negro. Realmente Balduíno quis acertar na cara sangrenta do alemão. Porém Ergin não lhe deu tempo e o soqueou com violência atingindo-o no rosto, fazendo do olho do negro uma posta de sangue. O alemão cresceu de repente e escondeu o preto que agora apanhava na cara, nos peitos, na barriga. Balduíno foi novamente às cordas, se segurou nelas, e ficou passivamente sem reagir. Pensava unicamente em não cair e se atracava com força às cordas. Na sua frente o alemão parecia um diabo a lhe martelar a cara. O sangue corria do nariz de Balduíno, o seu olho direito estava fechado, tinha um rasgão por baixo da orelha. Via confusamente o branco na sua frente, pulando, e ouvia muito longe os berros da assistência. Esta vaiava. Via o seu herói cair e gritava:

— Dá nele, negro!

Isso no princípio. Aos poucos a multidão foi ficando silenciosa, abatida, vendo o negro apanhar. E quando voltou a gritar foi para vaiar.

— Negro fêmea! Mulher com calça! Aí, loiro! Dá nele.

Estavam com raiva porque o negro apanhava. Eles haviam pago os três mil-réis da entrada para ver o campeão baiano dar naquele branco que se dizia "campeão da Europa Central". E agora estavam assistindo era o negro apanhar. Não estavam satisfeitos, moviam-se inquietos e ora vivavam o branco, ora o vaiavam. E respiraram aliviados quando o gongo soou dando fim ao round.

Antônio Balduíno veio para o canto do ringue se segurando nas cordas. Aí o homem magro, que mordia o cigarro inútil, cuspiu e gritou:

— Onde está o negro Antônio Balduíno que derrubava brancos?

Aquilo Antônio Balduíno ouviu. Bebeu um gole da garrafa de cachaça que o Gordo lhe oferecia e virou para a assistência procurando o dono daquela voz. Voz que voltou metálica:

— Quede o derrubador de brancos?

Desta vez parte da multidão acompanhou o homenzinho e disse em coro:

— Quede? Quede?

Aquilo doeu em Balduíno como uma chibatada. Não sentia nenhum dos socos do branco mas sentia aquela censura dos seus torcedores. Disse ao Gordo:

— Quando eu sair daqui dou uma surra neste sujeito. Marque ele...

E quando soou o sinal de recomeçar a luta o preto se atirou em cima de Ergin. Pôs um soco na boca do alemão e em seguida um no ventre. A multidão reconhecia novamente seu campeão e gritou:

— Aí, Antônio Balduíno! Aí, Baldo! Derruba ele...

O negro baixo voltou a ritmar pancadas nos joelhos. O magro sorria.

O negro continuava a dar e sentia uma grande raiva dentro de si. Foi quando o alemão voou para cima dele querendo acertar no outro olho de Balduíno. O negro livrou o corpo com um gesto rápido e, como a mola de uma máquina que houvesse partido, distendeu o braço bem por baixo do queixo de Ergin, o alemão. O campeão da Europa Central descreveu uma curva com o corpo e caiu com todo o peso.

A multidão, rouca, aplaudia em coro:

— BAL-DO... BAL-DO... BAL-DO...

O juiz contava:

— seis... sete... oito...

Antônio Balduíno olhava satisfeito o branco estendido aos seus pés.

Depois passou os olhos pela assistência que o vivava procurando o homem que dissera que ele não era mais o derrubador de brancos. Como não o achasse, sorriu para o Gordo. O juiz contava:

— nove... dez...

Suspendeu o braço de Balduíno. A multidão berrava mas o negro só ouviu a voz metálica do homem do cigarro:

— Aí negro, você ainda derruba brancos...

Alguns homens saíram pelo portão largo e enferrujado. Porém a maioria se lançou para o quadrado de luz onde estava o tablado e levantou nos ombros o negro Antônio Balduíno. Um estivador e um estudante seguravam numa perna e dois mulatos na outra. Levaram assim o negro até o mictório público instalado no largo, que era onde os lutadores mudavam a roupa.

Antônio Balduíno vestiu a roupa azul, bebeu um trago de cachaça, recebeu os cem mil-réis a que tinha direito e disse aos admiradores:

— O branco era fraco... Branco não se aguenta com o negro Antônio Balduíno... Eu cá sou é macho.

Sorriu, apertou o dinheiro no bolso da calça e se dirigiu para a pensão da Zara, onde morava Zefa, cabrocha de dentes limados que viera do Maranhão.

MAR
MORTO

1936

Histórias da beira do cais e mitos afro-brasileiros mesclam-se neste livro, que homenageia o mar e sua senhora Iemanjá, a rainha das águas. Guma, um jovem mestre de saveiro, deseja enfrentar o perigo de ser engolido pelo oceano para conseguir mudar o destino que há gerações vem assombrando os habitantes dali: aqueles que saem para o mar são, mais cedo ou mais tarde, levados pelas águas, sem conseguir retornar. O médico Rodrigo e a professora Dulce almejam, como ele, dar fim à obstinação fatalista da população local e acabar com o marasmo e a opressão que ditam o cotidiano daquela gente.

O trecho apresentado aqui retrata um momento de festa, repleto de musicalidade. A descrição da embolada, assim como do prazer daqueles que a compartilham, empresta vigor e alegria à narrativa, funcionando como um momento de trégua numa história marcada pela presença da morte.

EMBOLADA

Jeremias trouxera o violão. Outros tinham trazido harmônica e o negro Rufino trouxera sua viola também. Ali estava Maria Clara com sua voz. E cantaram as canções do mar, desde aquela que diz que a noite é para o amor (e todos sorriam para Guma e Lívia) até a que dizia que é doce morrer no mar. E dançaram também, todos quiseram dançar com a noiva, beberam cachaça, comeram os doces que dona Dulce tinha mandado e a feijoada que o velho Francisco, ajudado por Rufino, tinha preparado. Riam muito, esquecidos da noite úmida, do vento sul, do mês de junho. Breve seria São João e as fogueiras crepitariam no cais.

Guma esperava que eles saíssem. Estava como os tios de Lívia nos primeiros tempos. Desde aquela noite em que a raptara e a possuíra na tempestade não mais a tivera nos seus braços. E desde aquele dia seu desejo não fizera senão crescer. Olhava os outros que riam, bebiam e conversavam. Decididamente eles não iriam embora tão cedo. Mestre Manuel contava uma história de brigas:

— Foi um sopapo e tanto. Deu um tangolomango nele, o homem se desmanchou que nem espuma...

Depois pediram uma embolada a Rufino. Lívia descansou a cabeça no ombro de Guma. Francisco pediu silêncio. Rufino pinicou o violão, sua voz ressoou na casa:

Dinheiro é quem rege o mundo.
Quem rege o mundo é dinheiro.

A embolada continuou. A voz do cantador era rápida como ondas do temporal. Os versos corriam uns sobre os outros:

Cava no chão é buraco,
Gancho de pau é forquia,
Desate e torne a marra,
E marre o cabelo, Maria.

Olhava para as cabrochas na sala e cantava para elas, que ele gostava de variar de mulher e as mulheres gostavam de rolar na areia com ele. Dele se dizia no cais que era tão bom canoeiro que "metia a canoa na orça, apertava o remo, ela embicava". E isso era um gesto de bravura raro, enfiar a canoa de proa na água. Proeza que só os velhos canoeiros fazem.

Foi ele que me ensinou
Namorá — qui eu não sabia.
A onça pega no sarto
E a cobra pega no bote.
E o vaqueiro pra sê bom
Tira a novia do lote.

Riam na sala, mulatas requebravam os olhos para Rufino. Mestre Manuel acompanhava a música da embolada batendo as mãos nos joelhos. Rufino cantava:

Quem tem ferida é quem geme,
Quem geme é quem sente a dô.
Ferreiro é quem bate o malho,
Sacristão é quem bate o sino.

Pinicava o violão. Lívia gostava, mas preferiria sem dúvida uma canção, uma daquelas velhas canções que só são cantadas no cais. Pouco lhe dizia a embolada. Muito tem sempre que dizer uma canção. Rufino terminava:

Eu sou como a dô de dente
Quando começa a pinicá.
Sem pimenta faço o molho,
Sem farinha molho o cardo.
Eu não sou olho de cana,
Que morre e torna a vivê.

Depois de todos esses gabos, botou o violão no chão, pinicou os olhos:

— Vamos dançar, minha gente, que o dia é de alegria...

Dançaram. As harmônicas se desesperavam na música, eram como ondas que iam e vinham. Mestre Manuel contava para o dr. Rodrigo:

— O tempo tá brabo, doutor. A gente tá cortando uma volta nessas viagens. Nesse inverno vai ficar muita gente com Janaína...

O barulho da música se estendia até o cais próximo. Seu Babau entrou, trazia umas garrafas de bebidas, era o seu presente para os noivos. Fechara o Farol das Estrelas, ninguém fora lá naquela noite. E foi logo pegando uma dama e volteando na sala. O samba ia forte, o chão reboava com o sapateado. Depois Maria Clara cantou. A sua voz penetrou pela noite, como a voz do mar, harmoniosa e profunda. Cantava:

A noite que ele não veio
Foi de tristeza pra mim...

Sua voz era doce. Vinha do mais profundo do mar, tinha como seu corpo um cheiro de beira de cais, de peixe salgado. Agora a sala a ouvia atenta. A canção que ela cantava era bem deles, era do mar.

Ele ficou nas ondas
Ele se foi a afogar.

Velha moda do mar. Por que só falam em morte, em tristeza essas canções? No entanto o mar é belo, a água azul e a lua amarela. Mas as cantigas, as modas do mar são assim tristes, dão vontade de chorar, matam a alegria de todos.

Eu vou para outras terras,
Que meu senhor já se foi
Nas ondas verdes do mar.

Nas ondas verdes do mar vão todos eles um dia. Maria Clara

canta, ela também tem um homem que vive sobre as águas. Mas ela nasceu no mar, veio dele e vive dele. Por isso a canção não lhe diz novidade, não faz estremecer seu coração como o de Lívia:

Nas ondas verdes do mar.

Para que Maria Clara canta assim na noite do seu casamento? — pensa Lívia. Ela é como uma inimiga, sua voz é como a tempestade. Uma velha de coque, que perdeu o marido há distantes anos, chora na sala. As ondas do mar levam tudo. O mar que tudo lhes dá, tudo lhes toma. Maria Clara diz:

Eu vou para outras terras...

Para essas terras que vão os marítimos. Terras longínquas de Aiocá. Guma sorri com a boca entreaberta. Lívia descansa no seu ombro e pela primeira vez teme pela vida de seu homem. E se um dia ele ficar no mar, que será dela? A canção diz que todos ficarão um dia nas ondas verdes do mar. E na sala ninguém discorda, ninguém se revolta sequer. Só Lívia é que soluça alto, que quer fugir, levar Guma dali, para o fim do mundo, para um lugar onde não ouçam o chamamento das ondas verdes do mar.

Lívia mal respira. A canção acaba. Mas na noite fria de junho a sua voz se prolonga para os navios, o cais, os saveiros. E fica batendo dentro de todos os corações. E para esquecer vão todos dançar, os que não dançam vão beber.

Maneca Mãozinha suspende o cálice grosso e grita:

— Eta pinga marvada. Inté parece chumbo.

A chuva cai lá fora. As nuvens cobriram a lua.

* * *

Sua marcha nupcial fora aquela canção de desgraça. Canção que resumia a vida do cais. "Ele se foi a afogar", podia qualquer mulher dizer quando o marido saía. Destino triste o dela. Seu irmão aparecia e desaparecia, ninguém sabia dele. Não viera ao seu casamento, havia dias que ela não o enxergava. Fora quem tratara dos papéis, marcara a data, depois desaparecera. Ninguém sabia da vida dele, onde morava, onde comia, onde repousava a bela cabeça de cabelos escorridos. O marido ia diariamente a se afogar nas ondas verdes do mar. Um dia em vez dele viria seu corpo, ele navegaria nas terras do sem-fim de Aiocá.

Lívia tira o vestido, enxuga as lágrimas. Seu corpo agora não tem mais desejos de amor. No entanto não está saciado ainda, só sentiu seu homem uma vez. E hoje se casaram, hoje é dia de se amarem e ela está triste, a canção tirou o desejo que havia no seu corpo. Pensaria no corpo de Guma chegando das ondas quando o abraçasse. Pensaria no marido indo a se afogar. Ela só teria desejo, só o amaria completamente se pudesse fugir para bem longe do mar nessa noite. Ir para as terras agrestes do sertão, fugir da fascinação das ondas. Os homens de lá, as mulheres de lá vivem pensando no mar. Não sabem que o mar é senhor brutal que mata os homens. Diz uma cantiga do sertão que a mulher de Lampião, que é o senhor daquilo tudo, chorou porque não pôde ter um vestido da fumaça do vapor. O vapor é do mar e no mar ninguém manda, nem mesmo um cangaceiro corajoso como Lampião. O mar é senhor de vidas, o mar é terrível e é misterioso. Tudo que vive no mar é cercado de mistério. Lívia se esconde sob as cobertas e chora. De agora em diante seus dias serão trágicos. Assistirá a Guma ir a se afogar diariamente nas ondas verdes do mar.

E então toma uma súbita resolução. Irá sempre com ele. Será marítima também, cantará as canções do mar, conhecerá os ventos, as coroas de pedra do rio, os mistérios do mar. Sua voz aplacará também as tempestades como a de Maria Clara. Correrá apostas no seu saveiro, vencerá com sua música. E se um dia ele for para o fundo das águas, ela irá com ele e farão juntos a viagem para as terras desconhecidas de Aiocá.

Guma de fora do quarto pergunta se já pode entrar. Ela enxuga os olhos e manda que ele entre. A luz da vela se apaga, crescem os ais de amor na madrugada. Ele irá a se afogar, ficará boiando nas ondas verdes do mar. Ela soluça e o ama, se possuem loucamente como se a morte estivesse rondando o leito, como se fosse a última vez.

A madrugada rompe e Lívia jura que seu filho não será marítimo, não navegará nos saveiros, não ouvirá essa música, não amará o mar traiçoeiro. Na madrugada um preto canta que o mar é doce amigo. O filho de Lívia não será do mar. Será um homem da terra e terá vida calma, sua mulher não sofrerá o que Lívia está sofrendo. Não irá a se afogar nas ondas verdes.

A madrugada rompe e Guma pensa que seu filho será um marinheiro que dominará um saveiro melhor que mestre Manuel, andará numa canoa melhor que Rufino e viajará um dia num navio enorme, para terras mais distantes ainda que aquelas onde anda Chico Tristeza. O mar é doce amigo, ele irá no mar.

A madrugada rompe e novamente se elevam os ais de amor.

CAPITÃES
DA AREIA

1937

Capitães da Areia é o nome do bando de meninos pobres e infratores que protagoniza este romance. Mesmo em condições de extrema dificuldade, os garotos exercitam a imaginação e a criatividade com livros furtados e compartilhados, com o amor pelo cinema e com as narrativas orais que fazem parte do aprendizado da capoeira. O trecho selecionado fala justamente desse amor dos garotos pelas histórias, sejam elas escritas ou faladas, e da importância dos momentos lúdicos na vida de cada um deles.

Logo depois de lançado, o livro causou polêmicas, e vários exemplares foram queimados em praça pública por determinação do Estado Novo. O tempo, no entanto, só fez crescer o reconhecimento dessa saga repleta de encanto, ação e suspense.

HISTÓRIAS FURTADAS

João José, o Professor, desde o dia em que furtara um livro de histórias numa estante de uma casa da Barra, se tornara perito nestes furtos. Nunca, porém, vendia os livros, que ia empilhando num canto do trapiche, sob tijolos, para que os ratos não os roessem. Lia-os todos numa ânsia que era quase febre. Gostava de saber coisas e era ele quem, muitas noites, contava aos outros histórias de aventureiros, de homens do mar, de personagens heroicos e lendários, histórias que faziam aqueles olhos vivos se espicharem para o mar ou para as misteriosas ladeiras da cidade, numa ânsia de aventuras e de heroísmo. João José era o único que lia correntemente entre eles e, no entanto, só estivera na escola ano e meio. Mas o treino diário da leitura despertara completamente sua imaginação e talvez fosse ele o único que tivesse uma certa consciência do heroico das suas vidas. Aquele saber, aquela vocação para contar histórias, fizera-o respeitado entre os Capitães da Areia, se bem fosse franzino, magro e triste, o cabelo moreno caindo sobre os olhos apertados de míope. Apelidaram-no de Professor porque num livro furtado ele aprendera a fazer mágicas com lenços e níqueis e também porque, contando aquelas histórias que lia e muitas que inventava, fazia a grande e misteriosa mágica de os transportar para mundos diversos, fazia com que os olhos vivos dos Capitães da Areia brilhassem como só brilham as estrelas da noite da Bahia. Pedro Bala nada resolvia sem o consultar e várias vezes foi a imaginação do Professor que criou os melhores planos de roubo. Ninguém sabia, no entanto, que um dia, anos passados, seria ele quem haveria de contar em quadros que assombrariam o país a história daquelas vidas e muitas outras histórias de homens lutadores e sofredores. Talvez só o soubesse Don'Aninha, a mãe do terreiro da Cruz de Opô Afonjá, porque Don'Aninha sabe de tudo que Iá lhe diz através de um búzio nas noites de temporal.

João Grande ficou muito tempo atento à leitura. Para o negro aquelas letras nada diziam. O seu olhar ia do livro para a luz oscilante da vela, e desta para o cabelo despenteado do Professor. Terminou por se cansar e perguntou com sua voz cheia e quente:

— Bonita, Professor?

Professor desviou os olhos do livro, bateu a mão descarnada no ombro do negro, seu mais ardente admirador:

— Uma história zorreta, seu Grande — seus olhos brilhavam.

— De marinheiro?

— É de um negro assim como tu. Um negro macho de verdade.

— Tu conta?

— Quando findar de ler eu conto. Tu vai ver só que negro...

E volveu os olhos para as páginas do livro. João Grande acendeu um cigarro barato, ofereceu outro em silêncio ao Professor e ficou fumando de cócoras, como que guardando a leitura do outro. Pelo trapiche ia um rumor de risadas, de conversas, de gritos. João Grande distinguia bem a voz do Sem-Pernas, estrídula e fanhosa. O Sem-Pernas falava alto, ria muito. Era o espião do grupo, aquele que sabia se meter na casa de uma família uma semana, passando por um bom menino perdido dos pais na imensidão agressiva da cidade. Coxo, o defeito físico valera-lhe o apelido. Mas valia-lhe também a simpatia de quanta mãe de família o via, humilde e tristonho, na sua porta, pedindo um pouco de comida e pousada por uma noite. Agora, no meio do trapiche, o Sem-Pernas metia a ridículo o Gato, que perdera todo um dia para furtar um anelão cor de vinho, sem nenhum valor real, pedra falsa, de falsa beleza também.

Fazia já uma semana que o Gato avisara a meio mundo:

— Vi um anelão, seu mano, que nem de bispo. Um anelão bom pro meu dedo. Batuta mesmo. Tu vai ver quando eu trouxer...

— Em que vitrine?

— No dedo de um pato. Um gordo que todo dia toma o bonde de Brotas na Baixa dos Sapateiros.

E o Gato não descansou enquanto não conseguiu, no aperto de um bonde das seis horas da tarde, tirar o anel do dedo do homem, escapulindo na confusão, porque o dono logo percebeu. Exibia o anel no dedo médio, com vaidade. O Sem-Pernas ria:

— Arriscar cadeia por uma porcaria! Um troço feio...

— Que tem tu com isso? Eu acho bom, tá acabado.

— Tu é burro mesmo. Isso no prego não dá nada.

— Mas dá simpatia no meu dedo. Tou arranjando uma comida.

Falavam naturalmente em mulher apesar do mais velho ter apenas dezesseis anos. Cedo conheciam os mistérios do sexo.

Pedro Bala, que ia entrando, desapartou o começo de briga. João Grande deixou o Professor lendo e veio para junto do chefe.

O Sem-Pernas ria sozinho, resmungando acerca do anel. Pedro o chamou e foi com ele e com João Grande para o canto onde estava Professor...

— Vem cá, Professor.

Ficaram os quatro sentados. O Sem-Pernas acendeu uma ponta de charuto caro, ficou saboreando. João Grande espiava o pedaço de mar que se via através da porta, além do areal. Pedro falou:

— Gonzales do 14 falou hoje comigo...

— Quer mais corrente de ouro? Da outra vez... — atalhou o Sem-Pernas.

— Não. Tá querendo chapéu. Mas só topa de feltro. Palhinha não vale, diz que não tem saída. E também...

— Que é que tem mais? — novamente interrompeu o Sem-Pernas.

— Tem que muito usado não presta.

— Tá querendo muita coisa. Se ainda pagasse que valesse a pena.

— Tu sabe, Sem-Pernas, que ele é um bicho calado. Pode não pagar bem, mas é uma cova. Dali não sai nada, nem a gancho.

— Também paga uma miséria. E é interesse dele não dizer nada. Se ele abrir a boca no mundo não há costas largas que livre ele do xilindró...

— Tá bom, Sem-Pernas, você não quer topar o negócio, vá embora, mas deixe a gente combinar as coisas direito.

— Não tou dizendo que não topo. Tou só falando que trabalhar pra um gringo ladrão não é negócio. Mas se tu quer...

— Ele diz que desta vez vai pagar melhor. Uma coisa que pague a pena. Mas só chapéu de feltro bom e novo. Tu, Sem-Pernas, podia ir com uns fazer esse negócio. Amanhã de noite Gonzales manda um empregado do 14 aqui pra trazer os miúdos e levar as carapuças.

— Bom lugar é nos cinemas — disse o Professor voltando-se para o Sem-Pernas.

SEARA
VERMELHA

1946

Uma "viagem de espantos", esta narrativa descreve as dores e os enfrentamentos de onze retirantes. Fome, perdas e desamparo marcam os passos de personagens como o soldado João, o jagunço Zé Trovoada e o cabo Juvêncio. Tonho, Noca e Ernesto, os três órfãos, também são constantemente forçados a superar situações de perigo no árido sertão.

Os descaminhos da violência e das injustiças, porém, não privam esses homens de sua sensibilidade e das lembranças da infância. O fascínio pelos brinquedos, o amor aos animais e o carinho compartilhado pelas crianças são retratados na cena reproduzida aqui. Ela pertence ao início desta jornada sertaneja e atesta a humanidade de personagens cuja integridade é posta em risco ao longo do romance.

NOCA

Tonho estava com treze anos e mal ouvira o grito do Jerônimo, abandonara a companhia de Noca, a irmãzinha de sete anos. Correra para o curral, ia ajudar o avô a tirar leite. Ficava segurando o bezerrinho pela corda para que ele não se aproximasse demasiado das tetas da vaca. Depois chegaria a vez da cabra. Noca e Ernesto — o menorzinho — tomavam esse leite, Jucundina afirmava que nada melhor que leite de cabra para criar menino. Tonho gostava daquele trabalho, a vaca era a própria mansidão e por vezes ele a cavalgava, apesar dos ralhos do avô. Brincava também com o bezerrinho, imitava seus mugidos, bulia com o jumento, única das criações que tinha nome, pois se chamava Jeremias e, ao ouvir chamar-se assim, logo vinha no seu passo demorado. Com a chuva, poças de água suja enchiam a estrada e Tonho pisava em cada uma delas, diversão melhor não podia haver. Espiava para trás, Noca era uma tola que ficava na porta da casa em companhia da gata amarela, a Marisca. Não sabia o bom que era o trabalho no curral, tirar leite, bulir com Jeremias.

Noca estava com medo. Segurava a gata contra o peito magro

e sujo. Tonho lhe dissera que naquela noite, que era a da festa de Ataliba, eles iam ficar sozinhos em casa, os dois e mais o pequenininho, e que o bicho viria com certeza e comeria Noca.

— Come tu também...

— M'iscondo...

E saiu rindo pros lados do curral. Noca se aperta contra Marisca, sua gata, a amiga, sua boneca, sua única ternura na casa pobre. Seus olhos amedrontados fitam com amor a gatinha amarela e remelenta. Marisca mia ao aperto da menina e Noca conversa com ela:

— Tu fica comigo... Se o bicho vier nóis bota ele pra fora...

Junto de Marisca ela não tem medo. Marisca é valente, dá nas galinhas, rosna para o cachorro de tio João Pedro quando ele vem de visita, pula na cerca, até já caçou umas preás pelo campo. E um dia Marisca matou uma cobra bem na frente da casa, cobra pequena mas venenosa e naquela noite Jucundina deu-lhe um pires de leite. Marisca é valente, junto dela Noca não tem medo, não se importa de ficar sozinha. Malvadeza dos outros, irem para a festa, deixarem ela e os três irmãos, quando existe o bicho que pega meninos, que os leva ninguém sabe para onde. Noca se encolhe ante a recordação, aperta mais a gata contra o peito. Marisca, incomodada com a pressão das mãos da criança, estira-se, solta-se, pula para o chão. Mia longamente para as sombras do crepúsculo e fica logo atenta à voz de Zefa que chega da cozinha nas suas imprecações. O dorso da gata se alteia como se ela visse um inimigo. Mas a pequena e suja mão de Noca a acaricia e ela se agacha para melhor receber o carinho, anda sob a mão da menina e rosna baixinho, docemente. Volta a saltar para o colo de Noca.

A noite vem chegando trazida pelas sombras e Noca descobre subitamente no alto dos céus a figura do bicho. Seu corpinho raquítico treme sob o vestido de bulgariana. E só em Marisca encontra consolo e coragem, alegria e ternura.

Nunca tivera uma boneca, nem mesmo uma dessas bruxas de pano que vendem na feira. Nunca tivera um brinquedo, nem mesmo um desses de madeira que os amadores fabricam. Nunca ouvira música nem assistira aos teatros de títeres, nada tivera além de Marisca. Resume para ela a boneca que viu na mão da filha de Artur, o automóvel de flandres que tanto encantara a ela e a Tonho na casa-grande, resume o mundo inteiro, as personagens das histórias que por vezes Jucundina contava, nada mais ela tem além da sua gata.

Vai ficar sozinha essa noite com os irmãos pequenos, e Tonho disse que o bicho virá. Se Agostinho estivesse ali, Noca lhe perguntaria se era verdade. Agostinho tem uma garrucha, podia dar um tiro no bicho. Ele vem numa nuvem, bufando de raiva, ele come menino. A gata salta do colo de Noca atrás de um besouro que apareceu com o crepúsculo. A pata se agita no ar mas o besouro é mais rápido, engana Marisca. Mia zangada, o besouro está pousado na parede, fora do alcance do pulo da gata. Noca vai de mansinho, tapa o besouro com a mão, derruba-o no terreiro, Marisca salta, Noca bate palmas com as mãos, mãos magras e sujas, boca suja também mas que riso mais doce!

GABRIELA,
CRAVO E CANELA

1958

A história do romance entre a retirante Gabriela e o comerciante Nacib tem como pano de fundo a cidade de Ilhéus nos anos 1920 e a transformação nos costumes e na mentalidade da sociedade de então. A jovem, com sua sedução arrebatadora, se tornou rapidamente um grande sucesso, e o livro obteve adaptações inesquecíveis tanto no cinema quanto na televisão.

Neste trecho, quando Gabriela entra em cena a força feminina da personagem se destaca de tal modo que sua condição de retirante e excluída parece desvanecer. E não é apenas a mulata de beleza implacável que captura o leitor: Malvina, a garota rebelde que foge da cidade para preservar suas escolhas, também encanta com sua ousadia.

Os homens, como o galante conquistador Tonico Bastos e Nacib, inicialmente patrão e depois marido de Gabriela, também têm seu espaço nesta obra em que as mulheres são homenageadas por Jorge Amado e na qual o direito à liberdade se expressa por meio de diálogos impregnados pelo sotaque musical da cidade de Ilhéus.

VIDA NOVA NA CIDADE

A paisagem mudara, a inóspita caatinga cedera lugar a terras férteis, verdes pastos, densos bosques a atravessar, rios e regatos, a chuva caindo farta. Haviam pernoitado nas vizinhanças de um alambique, plantações de cana balançando ao vento. Um trabalhador lhes dera detalhadas explicações sobre o caminho a seguir: menos de um dia de marcha e estariam em Ilhéus, a viagem de pavores terminada, uma nova vida a começar.

— Tudo que é retirante acampa perto do porto, pros lados da estrada de ferro, no fim da feira.

— Num vai procurar trabalho? — perguntou o negro Fagundes.

— É melhor esperar, não demora e logo aparece gente pra contratar. Tanto pra trabalhar nas roças de cacau quanto na cidade...

— Também na cidade? — interessou-se Clemente, o rosto fechado, a harmônica no ombro, uma preocupação nos olhos.

— Inhô, sim. Pra quem tem ofício: pedreiro, carpina, pintor de casa. Tão levantando tanta casa em Ilhéus que é um desperdício.

— Só?

— Tem ocupação também nos armazéns de cacau, nas docas.

— Por mim — disse um sertanejo forte, de meia-idade —, vou é pras matas. Diz que um homem pode juntar dinheiro.

— Faz tempo era assim. Hoje é mais custoso.

— Diz que um homem sabendo atirar tem boa aceitação... — falou o negro Fagundes passando a mão, quase numa carícia, sobre a repetição.

— Num tempo foi assim.

— E num é mais?

— Ainda tem sua procura.

Clemente não tinha ofício. Labutara sempre no campo, plantar, roçar e colher era tudo o que sabia. Ademais viera com a intenção de se meter nas roças de cacau, tinha ouvido tanta história de gente chegando como ele, batida pela seca, fugindo do sertão, quase morta de fome, e enriquecendo naquelas terras em pouco tempo. Era o que diziam pelo sertão, a fama de Ilhéus corria mundo, os cegos cantavam suas grandezas nas violas, os caixeiros-viajantes falavam daquelas terras de fartura e valentia, ali um homem se arranjava num abrir e fechar de olhos, não havia lavoura mais próspera que a do cacau. Os bandos de imigrantes desciam do sertão, a seca nos seus calcanhares, abandonavam a terra árida onde o gado morria e as plantações não vingavam, tomavam as picadas em direção ao sul. Muitos ficavam pelo caminho, não suportavam a travessia de horrores, outros morriam ao entrar na região das chuvas onde o tifo, o impaludismo, a bexiga os esperavam. Chegavam dizimados, restos de famílias, quase mortos de cansaço, mas os corações pulsavam de esperança naquele dia derradeiro de marcha. Um pouco mais de esforço e teriam atingido a cidade rica e fácil. As terras do cacau onde dinheiro era lixo nas ruas.

Clemente ia carregado. Além dos seus haveres — a harmônica

e um saco de pano cheio pela metade — levava a trouxa de Gabriela. A marcha era lenta, iam velhos entre eles e mesmo os moços estavam no limite da fadiga, não podiam mais. Alguns quase se arrastavam, sustentados apenas pela esperança.

Só Gabriela parecia não sentir a caminhada, seus pés como que deslizando pela picada muitas vezes aberta na hora a golpes de facão, na mata virgem. Como se não existissem as pedras, os tocos, os cipós emaranhados. A poeira dos caminhos da caatinga a cobrira tão por completo que era impossível distinguir seus traços. Nos cabelos já não penetrava o pedaço de pente, tanto pó se acumulara. Parecia uma demente perdida nos caminhos. Mas Clemente sabia como ela era deveras e o sabia em cada partícula de seu ser, na ponta dos dedos e na pele do peito. Quando os dois grupos se encontraram, no começo da viagem, a cor do rosto de Gabriela e de suas pernas era ainda visível e os cabelos rolavam sobre o cangote, espalhando perfume. Ainda agora, através da sujeira a envolvê-la, ele a enxergava como a vira no primeiro dia, encostada numa árvore, o corpo esguio, o rosto sorridente, mordendo uma goiaba.

— Tu parece que nem veio de longe...

Ela riu:

— A gente tá chegando. Tá pertinho. Tão bom chegar.

Ele fechou ainda mais o rosto sombrio:

— Num acho não.

— E por que tu não acha? — Levantou para o rosto severo do homem seus olhos, ora tímidos e cândidos, ora insolentes e provocadores. — Tu não saiu para vir trabalhar no cacau, ganhar dinheiro? Tu não fala noutra coisa.

— Tu sabe por quê — resmungou ele com raiva. — Pra mim esse caminho podia durar a vida toda. Num me importava...

No riso dela havia certa mágoa, não chegava a ser tristeza, como se estivesse conformada com o destino:

— Tudo que é bom, tudo que é ruim, também termina por acabar.

Uma raiva subia dentro dele, impotente. Mais uma vez, controlando a voz, repetiu a pergunta que lhe vinha fazendo pelo caminho e nas noites insones:

— Tu não quer mesmo ir comigo pras matas? Botar uma roça, plantar cacau junto nós dois? Com pouco tempo a gente vai ter um roçado seu, começar a vida.

A voz de Gabriela era cariciosa, mas definitiva:

— Já te disse minha tenção. Vou ficar na cidade, não quero mais viver no mato. Vou me contratar de cozinheira, de lavadeira ou pra arrumar casa dos outros...

Acrescentou numa lembrança alegre:

— Já andei de empregada em casa de gente rica, aprendi cozinhar.

— Aí tu não vai progredir. Na roça, comigo, a gente ia fazendo seu pé-de-meia, ia tirando pra frente...

Ela não respondeu. Ia pelo caminho quase saltitante. Parecia uma demente com aquele cabelo desmazelado, envolta em sujeira, os pés feridos, trapos rotos sobre o corpo. Mas Clemente a via esguia e formosa, a cabeleira solta e o rosto fino, as pernas altas e o busto levantado. Fechou ainda mais o rosto, queria tê-la com ele para sempre. Como viver sem o calor de Gabriela?

Quando, no início da viagem, os grupos se encontraram, logo reparou na moça. Ela vinha com um tio, acabado e doente, sacudido o tempo todo pela tosse. Nos primeiros dias ele a observara de longe, sem coragem sequer para aproximar-se. Ela ia de um para outro, conversando, ajudando, consolando.

Nas noites da caatinga, povoadas de cobras e de medo, Clemente tomava da harmônica e os sons enchiam a solidão. O negro Fagundes contava histórias de valentias, coisas de cangaço, andara metido com jagunços, matara gente. Punha em Gabriela uns olhos pesados e humildes, obedecia-lhe pressurosamente quando ela lhe pedia para ir encher uma lata com água.

Clemente tocava para Gabriela, mas não se atrevia a dirigir-lhe a palavra. Foi ela quem veio, certa noite, com seu passo de dança e seus olhos de inocência, para junto dele, puxar conversa. O tio dormia numa agitação de falta de ar, ela encostou-se numa árvore. O negro Fagundes narrava:

— Tinha cinco soldados, cinco macacos que a gente comeu na faca pra não gastar munição...

Na noite escura e assustadora, Clemente sentia a presença vizinha de Gabriela, não se animava sequer a olhar para a árvore à qual ela se encostara, um umbuzeiro. Os sons morreram na harmônica, a voz de Fagundes ressaltou no silêncio. Gabriela falou baixinho:

— Não pare de tocar senão vão arreparar.

Atacou uma melodia do sertão, estava com um nó na garganta, aflito o coração. A moça começou a cantar em surdina. A noite ia alta, a fogueira morria em brasas, quando ela deitou-se junto dele como se nada fora. Noite tão escura, quase não se viam.

Desde aquela noite milagrosa, Clemente vivia no terror de perdê-la. Pensara a princípio que, tendo acontecido, ela já não o largaria, iria correr sua sorte nas matas dessa terra do cacau. Mas logo se desiludiu. Durante a caminhada ela se comportava como se nada houvesse entre eles, tratava-o da mesma maneira que aos demais. Era de natural risonha e brincalhona, trocava graças até com o negro Fagundes, distribuía sorrisos e obtinha de todos o que quisesse. Mas quando a noite chegava, após ter cuidado do tio, vinha para o canto distante, onde ele ia meter-se, e deitava-se a seu lado, como se para outra coisa não houvesse vivido o dia inteiro. Se entregava toda, abandonada nas mãos dele, morrendo em suspiros, gemendo e rindo.

No outro dia, quando ele, preso a Gabriela como se ela fosse sua própria vida, queria concretizar os planos de futuro, ela apenas ria, quase a mofar-se dele, e ia embora, ajudar o tio cada vez mais fatigado e magro.

Uma tarde tiveram que parar a caminhada, o tio de Gabriela estava nas últimas. Vinha cuspindo sangue, não aguentava mais andar. O negro Fagundes jogou-o nas costas como um fardo e o carregou durante um pedaço de caminho. O velho ia arfando, Gabriela a seu lado. Morreu de tardinha, botando sangue pela boca, os urubus voavam sobre o cadáver.

Então Clemente a viu órfã e só, necessitada e triste. Pela primeira vez pensou compreendê-la: nada mais era que uma pobre moça, quase menina ainda, a quem proteger. Aproximou-se e longamente falou de seus planos. Muito tinham-lhe contado daquela terra do cacau para onde iam. Sabia de gente que saíra do Ceará sem tostão e voltara poucos anos depois a passeio, arrotando dinheiro. Era o que ele ia fazer. Queria derrubar mata, ainda existiam algumas, plantar cacau, ter terra sua, ganhar bastante. Gabriela iria com ele, e, quando aparecesse um padre por aquelas bandas, casariam. Ela fez que não com a cabeça, agora não ria seu riso de mofa, disse apenas:

— Vou pro mato não, Clemente.

Outros morreram e os corpos ficaram pelo caminho, pasto dos

urubus. A caatinga acabou, começaram terras férteis, as chuvas caíram. Ela continuava a deitar-se com ele, a gemer e a rir, a dormir recostada sobre seu peito nu. Clemente falava, cada vez mais sombrio, explicava as vantagens, ela apenas ria e balançava a cabeça numa renovada negativa. Certa noite, ele teve um gesto brusco, atirou-a para um lado, num repelão:

— Tu não gosta de mim!

De súbito, saído não se sabe de onde, o negro Fagundes apareceu, a arma na mão, um brilho nos olhos. Gabriela disse:

— Foi nada não, Fagundes.

Ela havia batido contra o tronco de árvore junto ao qual estavam deitados. Fagundes baixou a cabeça, foi embora. Gabriela ria, a raiva foi crescendo dentro de Clemente. Aproximou-se dela, tomou-lhe dos pulsos, ela estava caída sobre o mato, o rosto ferido:

— Tenho até vontade de te matar e a mim também...

— Por quê?

— Tu não gosta de mim.

— Tu é tolo...

— Que é que eu vou fazer, meu Deus?

— Importa não... — disse ela, e o puxou para si.

Agora, naquele último dia de viagem, desnorteado e perdido, ele terminara por se decidir. Ficaria em Ilhéus, abandonaria seus planos, a única coisa importante era estar ao lado de Gabriela.

— Já que tu não quer ir, vou arranjar jeito de ficar em Ilhéus. Só que não tenho ofício, além de lavrar terra não sei fazer um nada...

Ela tomou-lhe a mão num gesto inesperado, ele sentiu-se vitorioso e feliz.

— Não, Clemente, fique não. Pra quê?

— Pra quê?

— Tu veio pra ganhar dinheiro, botar roça, ser um dia fazendeiro. É disso que tu gosta. Pra que ficar em Ilhéus passando necessidade?

— Só pra te ver, pra gente tá junto.

— E se a gente não puder se ver? É melhor não, tu vai pra teu lado, eu vou pro meu. Um dia, pode ser, a gente se encontra outra vez. Tu feito um homem rico, nem vai me reconhecer.

Dizia tudo aquilo tranquilamente, como se as noites que dormiram juntos não contassem, como se apenas se conhecessem.

— Mas, Gabriela...

Nem sabia como responder-lhe, esquecia os argumentos, também os insultos, a vontade de bater-lhe para ela aprender que com um homem não se brinca. Só conseguia dizer:

— Tu não gosta de mim...

— Foi bom a gente ter se encontrado, a viagem encurtou.

— Tu não quer mesmo que eu fique?

— Pra quê? Pra passar necessidade? Num vale a pena. Tu tem tua tenção, vai cumprir teu destino.

— E tu qual é tua tenção?

— Quero ir pro mato não. O resto só Deus sabe.

Ele ficou silencioso, uma dor no peito, vontade de matá-la, de acabar com a própria vida, antes que a viagem terminasse. Ela sorriu:

— Importa não, Clemente.

OS VELHOS MARINHEIROS OU
O CAPITÃO-DE-LONGO-CURSO

1961

O protagonista deste romance é o comandante Vasco Mosco-so Aragão, cuja chegada em Periperi, um vilarejo nas proximidades de Salvador, revoluciona a vida pacata dos habitantes dali. Eximio contador de suas próprias aventuras, o comandante é questionado sobre a veracidade de suas histórias por um grupo de cidadãos inve-josos liderado por Chico Pacheco, um fiscal aposentado. Balançan-do a tão estabelecida ordem do povoado, o personagem traz consigo o mundo aventuroso dos marinheiros, em que verdade e fantasia, sonho e realidade convivem sem conflitos.

Já na abertura do romance, através de um divertido pacto com o leitor, a discussão acerca da veracidade da ficção aparece: "Minha intenção, minha única intenção, acreditem!, é apenas restabelecer a verdade. A verdade completa, de tal maneira que nenhuma dúvida persista em torno do comandante Vasco Moroso de Aragão e de suas extraordinárias aventuras".

A cena escolhida pertence à sequência que introduz esse perso-nagem tão contestado por uns e venerado por outros.

O TELESCÓPIO

Ah!, o telescópio... Nele partiam para a aventura da lua e das estrelas, para fantásticas viagens, rompiam as fronteiras da monotonia e do tédio. Como se por um passe de mágica deixasse Periperi de ser um pacato subúrbio da Leste Brasileira, habitado por velhos à espera da morte, e se transformasse em estação interplanetária de onde decolavam audaciosos pilotos para a conquista dos espaços siderais.

Aquela grande sala de janelas abertas sobre as águas, onde tanta festa animada se realizara nos últimos veraneios, as meninas Cordeiro e suas amigas a voltearem nos braços dos rapazes, transformara-se por completo. Desaparecidos os jarros de flores, o piano onde Adélia massacrava valsas e foxes, a vitrola, os móveis pretensiosos, a sala parecia agora torre de comando de um navio, a ponto de Leminhos, delicado do estômago, sentir enjoo e ânsia de vômito quando ali entrava. A escada de cordas, dependurada de uma janela, conduzia diretamente à praia e Zequinha Curvelo, candidato a comissário de bordo, projetava um dia entrar e sair por ali, quando melhorasse de seu doloroso reumatismo.

No centro da parede, os diplomas, em molduras ricas, datando de vinte e três anos passados. Num deles estava escrito e sacramentado, pela assinatura de antigo capitão dos portos, ter Vasco Moscoso de Aragão se sujeitado a todos os exames e provas exigidas para a obtenção do título de capitão-de-longo-curso que lhe dava direito a comandar qualquer espécie e tipo de navio de marinha mercante pelos mares e oceanos. Há vinte e três anos, ainda relativamente jovem, aos trinta e sete de idade, obtivera ele seu diploma de comandante. Jovem de idade mas já um velho marinheiro, pois, como contava, começara menino de dez anos, grumete num moroso cargueiro, e escalara os postos um a um, até chegar a primeiro-piloto, a imediato. Inúmeras vezes mudara de navio, amava ver novas terras e correr os mares, viajara sob as mais diversas bandeiras, envolvera-se em aventuras de guerra e de amor. Mas, quando, aos trinta e sete anos, se encontrara apto para candidatar-se ao posto de capitão-de-longo-curso, voltara à Bahia, pois ali, em sua Capitania dos Portos, queria obter o cobiçado título. Desejava que seu porto de origem, onde estivessem registradas sua condição e sua capacidade, fosse o cais de Salvador, de onde partira menino para a aventura do mar. Também ele tinha suas superstições, afirmava sorrindo. Protestava Zequinha: aquela fora uma nobre atitude, a revelar o patriotismo do comandante, vindo do Oriente para dar seus exames na Bahia. "Aliás, sem falsa modéstia, com certo brilhantismo", esclarecia o capitão-de-longo-curso. Assim lhe dissera entusiasmado, por ocasião das provas, o comandante Georges Dias Nadreau, então capitão dos portos, hoje almirante ilustre da nossa gloriosa marinha de guerra.

Na outra moldura, o diploma de cavaleiro da Ordem de Cristo, a importante condecoração lusitana, honraria, com direito a medalha e colar, conferida ao comandante por d. Carlos I, rei de Portugal e Algarves, pelos seus relevantes serviços ao comércio marítimo.

Sentava-se numa cadeira de abrir e fechar, dessas de bordo, com assento e recosto de oleado, ao lado da roda do leme, o cachimbo na mão, o olhar perdido além das janelas. Numa larga mesa, o globo enorme e giratório, vários instrumentos de navegação: bússola, anemômetro, sextante, higrômetro. A grande luneta negra: enxergava-se a cidade da Bahia ali pertinho. A paralela para traçar rumos e a admirada coleção de cachimbos, pela qual sentiam-se todos apaixonados. O relógio de bordo chamava-se cronógrafo. Nas paredes, os mapas de navegação, cartas dos oceanos, das baías e golfos, das ilhas perdidas. Sobre um móvel onde o comandante guardava copos e bebidas, numa enorme caixa de vidro, a reprodução de um paquete, "um gigante dos mares, meu inesquecível *Benedict*", o último dos muitos nos quais embarcara e navegara, seu derradeiro barco. Ampliadas fotos de outros navios, de diverso tamanho e diferentes nacionalidades, emolduradas, algumas coloridas. Cada um daqueles navios representava um pedaço da vida do comandante Vasco Moscoso de Aragão, recordava-lhe histórias, casos, alegrias e longas noites solitárias.

E o telescópio. Foi uma sensação quando o viram armado, sua luneta apontada para o céu. "Aumenta oitenta vezes o tamanho da lua", anunciava Zequinha Curvelo, numa crescente intimidade com os instrumentos, os navios enquadrados, o comandante.

Naquela noite enluarada, esqueceram o enterro matinal de Doninha Barata, ansiosos de espiar o céu, de descobrir os segredos do espaço, de ver as montanhas da lua, sua misteriosa face, de reconhecer estrelas aprendidas em distantes salas de aulas.

Todos desejavam, numa jovialidade de rapazes, procurar o Cruzeiro do Sul.

Dias depois descobririam outra e não menos apaixonante utilidade do telescópio. Apontavam-no, pelas manhãs, na direção da praia concorrida de Plataforma, examinavam — oitenta vezes aumentados — os detalhes dos corpos das mulheres no banho de mar. Disputavam, entre risadas, a vez de olhar, cochichavam-se safadezas. Pareciam adolescentes.

A MORTE E A MORTE DE
QUINCAS BERRO DÁGUA

1961

Ironizando os costumes e as crenças da sociedade baiana, Jorge Amado narra a vida e as mortes de Joaquim Soares da Cunha, mais conhecido como Quincas Berro Dágua, homem sério e recatado que abandona a família para tornar-se um grande farrista e malandro da cidade. Ao ser encontrado morto, é reavivado pelos colegas e sai a jogar capoeira, cantar e rir, rumo ao seu segundo fim.

O mistério das mortes de Quincas Berro Dágua gera muito estranhamento, inúmeras conversas, invenções e até mesmo piadas de humor negro. E, no trecho escolhido, Jorge Amado convida o leitor a acompanhá-lo em sua investigação. Mas será possível uma solução? Assim Amado nos intriga e desafia com esta narrativa que chega a beirar o fantástico, mas não perde o olhar aguçado para as particularidades da sociedade baiana.

QUINCAS BERRO DÁGUA

Até hoje permanece certa confusão em torno da morte de Quincas Berro Dágua. Dúvidas por explicar, detalhes absurdos, contradições no depoimento das testemunhas, lacunas diversas. Não há clareza sobre hora, local e frase derradeira. A família, apoiada por vizinhos e conhecidos, mantém-se intransigente na versão da tranquila morte matinal, sem testemunhas, sem aparato, sem frase, acontecida quase vinte horas antes daquela outra propalada e comentada morte na agonia da noite, quando a lua se desfez sobre o mar e aconteceram mistérios na orla do cais da Bahia. Presenciada, no entanto, por testemunhas idôneas, largamente falada nas ladeiras e becos escusos, a frase final repetida de boca em boca, representou, na opinião daquela gente, mais que uma simples despedida do mundo, um testemunho profético, mensagem de profundo conteúdo (como escreveria um jovem autor de nosso tempo).

Tantas testemunhas idôneas, entre as quais mestre Manuel e Quitéria do Olho Arregalado, mulher de uma só palavra, e, apesar disso, há quem negue toda e qualquer autenticidade não só à admirada frase mas a todos os acontecimentos daquela noite memorável, quando, em hora duvidosa e em condições discutíveis, Quincas Berro Dágua mergulhou no mar da Bahia e viajou para sempre, para nunca mais voltar. Assim é o mundo, povoado de céticos e negativistas, amarrados, como bois na canga, à ordem e à lei, aos procedimentos habituais, ao papel selado. Exibem eles, vitoriosamente, o atestado de óbito assinado pelo médico quase ao meio-dia e com esse simples papel — só porque contém letras impressas e estampilhas — tentam apagar as horas intensamente vividas por Quincas Berro Dágua até sua partida, por livre e espontânea vontade, como declarou, em alto e bom som, aos amigos e outras pessoas presentes.

A família do morto — sua respeitável filha e seu formalizado genro, funcionário público de promissora carreira; tia Marocas e seu irmão mais moço, comerciante com modesto crédito num banco — afirma não passar toda a história de grossa intrujice, invenção de bêbedos inveterados, patifes à margem da lei e da sociedade, velhacos cuja paisagem devera ser as grades da cadeia e não a liberdade das ruas, o porto da Bahia, as praias de areia branca, a noite imensa. Cometendo uma injustiça, atribuem a esses amigos de Quincas toda a responsabilidade da malfadada existência por ele vivida nos últimos anos, quando se tornara desgosto e vergonha para a família. A ponto de seu nome não ser pronunciado e seus feitos não serem comentados na presença inocente das crianças, para as quais o avô Joaquim, de saudosa memória, morrera há muito, decentemente, cercado da estima e do respeito de todos. O que nos leva a constatar ter havido uma primeira morte, se não física pelo menos moral, datada de anos antes, somando um total de três, fazendo de Quincas um recordista da morte, um campeão do falecimento, dando-nos o direito de pensar terem sido os acontecimentos posteriores — a partir do atestado de óbito até seu mergulho no mar — uma farsa montada por ele com o intuito de mais uma vez atazanar a vida dos parentes, desgostar-lhes a existência, mergulhando-os na vergonha e nas murmurações da rua. Não era ele homem de respeito e de conveniência, apesar do respeito dedicado por seus parceiros de jogo a jogador de tão invejada sorte e a bebedor de cachaça tão longa e conversada.

Não sei se esse mistério da morte (ou das sucessivas mortes) de Quincas Berro Dágua pode ser completamente decifrado. Mas eu o tentarei, como ele próprio aconselhava, pois o importante é tentar, mesmo o impossível.

DONA FLOR
E SEUS DOIS MARIDOS

1966

Dona Flor é apaixonada por Vadinho, seu marido galanteador que a faz sofrer com as constantes bebedeiras e traições. Com a morte dele, a esposa, agora viúva, padece ainda mais. Mas aos poucos se reconcilia com a vida e se casa com Teodoro, um homem tranquilo e fiel. E tudo estaria na maior harmonia não fosse a volta de Vadinho, que atravessa os portais do além para revê-la e ressurge mais atraente do que nunca.

A cena contemplada aqui retrata esse momento de reencontro tão inusitado em que Vadinho reaparece — para a alegria e a tristeza da bela dona Flor.

POR VOLTA DA MEIA-NOITE

Por volta da meia-noite, despediam-se os últimos convidados. Dona Sebastiana, ainda na emoção da narrativa daquele martirológio a durar sete anos — como suportara, coitadinha? — tocou a face de dona Flor num desvelo e lhe disse:

— Ainda bem que agora mudou tudo e você tem o que merece... Marilda, ofuscando com sua luz de estrela os jovens estudantes, partiu a cantarolar um tango-canção de serenata, aquele: "Noite alta, céu risonho, a quietude é quase um sonho...", o de dona Flor, enterrado no carrego do defunto.

Dr. Teodoro, um sorriso de satisfação, foi levar à porta os convivas derradeiros, um grupo ruidoso, envolvido em discussão interminável sobre os efeitos da música no tratamento de certas enfermidades. Discordavam dr. Venceslau Veiga e dr. Sílvio Ferreira. Para não perder o finzinho do debate, o dono da casa acompanhou os amigos até o bonde. Já não se ouvia o canto de Marilda.

Sozinha, dona Flor deu as costas a tudo aquilo; os doces, as garrafas de bebida, a desarrumação das salas, os ecos das conversas na calçada, o fagote a um canto, mudo e grave. Andou para o quarto de dormir, abriu a porta e acendeu a luz.

— Você? — disse numa voz cálida mas sem surpresa, como se o estivesse esperando.

No leito de ferro, nu como dona Flor o vira na tarde daquele domingo de Carnaval quando os homens do necrotério trouxeram o corpo e o entregaram, estava Vadinho deitado, a la godaça, e sorrindo lhe acenou com a mão. Sorriu-lhe em resposta dona Flor, quem pode resistir à graça do perdido, àquela face de inocência e de cinismo, aos olhos de frete? Nem uma santa de igreja, quanto mais ela, dona Flor, simples criatura.

— Meu bem... — aquela voz querida, de preguiça e lenta.

— Por que veio logo hoje? — perguntou dona Flor.

— Porque você me chamou. E hoje me chamou tanto e tanto que eu vim... — como se dissesse ter sido o seu apelo tão insistente e intenso a ponto de fundir os limites do possível e do impossível. — Pois aqui estou, meu bem, cheguei indagorinha... — e, semilevantando-se, lhe tomou da mão.

Puxando-a para si, ele a beijou. Na face, porque ela fugiu com a boca:

— Na boca, não. Não pode, seu maluco.

— E por que não?

Sentara-se dona Flor na borda do leito, Vadinho novamente se estendeu a la vontê, abrindo um pouco as pernas e exibindo tudo, aquelas proibidas (e formosas) indecências. Dona Flor se enternecia com cada detalhe desse corpo: durante quase três anos ela não o vira e ele permanecera igual como se não tivesse havido o tempo.

— Tu está o mesmo, não mudou nem um tiquinho. Eu, engordei.

— Tu está tão bonita, tu nem sabe... Tu parece uma cebola, carnuda e sumarenta, boa de morder... Quem tem razão é o salafra do Vivaldo... Bota cada olho em teu pandeiro, aquele fístula...

— Tira a mão daí, Vadinho, e deixa de mentira... Seu Vivaldo nunca me olhou, sempre foi respeitador... Vai, tira a mão...

— Por quê, meu bem...? Tira a mão, por quê?

— Você se esquece, Vadinho, que sou mulher casada e que sou séria? Só quem pode botar a mão em mim é meu marido...

Vadinho pinicou o olho num deboche:

— E eu o que é que sou, meu bem? Sou teu marido, já se esqueceu? E sou o primeiro, tenho prioridade...

Aquele era um problema novo, nele não pensara dona Flor e não soube contestar:

— Tu inventa cada coisa... Não deixa margem pra gente discutir...

Na rua, de volta, ressoaram os passos firmes do dr. Teodoro.

— Lá vem ele, Vadinho, vai-te embora... Fiquei contente, muito contente, nem sabes, de te ver... Foi bom demais.

Vadinho bem do seu, a la godaça.

— Vai embora, doido, ele já está entrando em casa, vai fechar a porta.

— Por que hei de ir, me diga?

— Ele chega e vai te ver aqui, que é que eu vou dizer?

— Tola... Ele não me vê, só quem me vê és tu, minha flor de perdição...

— Mas ele vai deitar na cama...

Vadinho fez um gesto de lástima impotente:

— Não posso impedir, mas, apertando um pouco cabe nós três...

Dessa vez ela se zangou deveras:

— Que é que tu pensa de mim ou tu não me conhece mais? Por

que me trata como se eu fosse mulher-dama, meretriz? Como se atreve? Não me respeita? Tu bem sabe que sou mulher honesta...

— Não se zangue, meu bem... Mas, foi você quem me chamou...

— Só queria te ver e conversar contigo...

— Mas se a gente nem conversou ainda...

— Tu volta amanhã e aí nós conversamos...

— Não posso estar indo e voltando... Ou tu pensa que é uma viaginha de brinquedo, como ir daqui a Santo Amaro ou a Feira de Santana? Pensa que é só dizer "Eu vou ali, já volto"? Meu bem, já que vim, eu me instalo de uma vez...

— Mas não aqui no quarto, aqui na cama, pelo amor de Deus. Veja, Vadinho, mesmo ele não te vendo, eu fico morta de sem jeito. Não tenho cara para isso — e fez sua voz de choro, jamais ele tolerou vê-la chorar.

— Está bem, vou dormir na sala, amanhã a gente resolve isso. Mas, antes, quero um beijo.

Ouviam o doutor no banheiro a se lavar, o ruído da água. Ela lhe estendeu a face, pundonorosa.

— Não, meu bem... Na boca, se quiser que eu saia...

O doutor não tarda: que fazer senão sujeitar-se à exigência do tirano, entregar-lhe os lábios?

— Ai, Vadinho, ai... — e mais não disse, lábios, língua e lágrimas (de pejo ou de alegria?) mastigados na boca voraz e sábia. Ah!, esse sim, um beijo!

Ele saiu com sua nudez inteira, tão belo e másculo! Doirada penugem a lhe cobrir braços e pernas, mata de pelos loiros no peito, a cicatriz da navalhada no ombro esquerdo, o insolente bigode e o olhar de frete. Saiu deixando o beijo a lhe queimar a boca (e as entranhas).

Transpondo a porta, dr. Teodoro lhe fez os devidos elogios:

— Festa de primeira, minha querida. Tudo em ordem nada faltou, tudo perfeito. Assim é que eu gosto, sem um deslize... — e foi mudar a roupa atrás da cabeceira do leito de ferro, enquanto ela vestia a camisola.

— Felizmente tudo correu bem, Teodoro.

Para comemorar o aniversário, escolhera aquela camisola de rendas e babados da noite de núpcias em Paripe, obra de dona Enaide, e desde então guardada. Viu-se ao espelho, bonita e dese-⁄ jável. Teve vontade que Vadinho a visse, mesmo de relance.

— Vou lá dentro beber água, volto num minuto, Teodoro.

Era capaz do outro ter adormecido, na fadiga da longa travessia. Para não acordá-lo, foi pelo corredor na ponta dos pés. Queria apenas vê-lo por um instante, tocar-lhe a face se dormido, mostrar-lhe (de longe) a transparente camisola, se desperto.

Chegou apenas a tempo de enxergá-lo, partindo através da porta, nu e com pressa. Ficou parada e gélida, uma dor no coração; ofendido, ei-lo de retorno, e ela para sempre só. Não mais seu rosto fino onde pousar os lábios, não mais se exibiria de camisola em sua frente (para que ele estendesse a mão e a arrancasse rindo), nunca mais. Ofendido, ele partira.

Antes assim, talvez. Com certeza, antes assim. Era mulher direita, como olhar para outro homem, mesmo aquele, tendo seu marido na cama a esperá-la, de pijama novo (presente de aniversário de casório)? Antes assim; Vadinho indo embora e para sempre. Já o vira, já o beijara, não desejava mais. Antes assim, repetia, antes assim.

Desprendeu-se dali, andou para o quarto. Por que tão logo de retorno? Por que de volta assim tão de repente, se, para vir, atravessara o espaço e o tempo? Quem sabe, ele não se foi de vez?

Quem sabe, saíra de passeio, para lançar uma olhadela na noite da Bahia, ver como andava o jogo, como o tinham cultivado em sua ausência — saíra apenas em inspeção, em ronda, do Pálace ao carteado de Três Duques, do Abaixadinho à casa de Zezé da Meningite, do Tabaris ao antro de Paranaguá Ventura.

TENDA DOS
MILAGRES

1969

"Pedro Archanjo tinha ouvido musical. Falou francês de conde, inglês de lorde". Assim Amado define o mestre Archanjo, capoeirista que tocava viola e percorria as ladeiras de Salvador recolhendo histórias. A um só tempo leitor voraz de poetas clássicos e apaixonado pelos mitos dos orixás, ele consegue publicar seus folhetos de literatura popular e estudos sobre a herança cultural africana, tornando-se uma espécie de mentor da cultura popular, mas sem jamais conquistar a notoriedade acadêmica.

A partir da figura do protagonista pobre, boêmio, mas culto e autodidata, um grande entusiástico da miscigenação, esta narrativa entrelaça o registro erudito e o popular, unindo numa só trama particularidades de culturas diversas. Sem poupar críticas aos preconceitos dos literatos, fechados na ignorância de uma erudição apenas aparente, Amado cria um romance anticanônico, divertido e salutar.

No trecho escolhido, uma festa acontece na Tenda dos Milagres, palco de candomblé e capoeira de Angola, espaço de fruição mágica e encantamento.

POBRES, PARDOS E PAISANOS

No Carnaval de 1969, a escola de samba Filhos do Tororó levou às ruas o enredo "Pedro Archanjo em quatro tempos", obteve grande sucesso e alguns prêmios. Ao som do samba-enredo de Waldir Lima, vitorioso sobre cinco ótimos concorrentes da ala dos compositores, a escola desfilou pela cidade a cantar:

Escritor emocionante
Realista sensacional
Deslumbrou o mundo
Oh!, Pedro Archanjo genial
Sua vida em quatro tempos
Apresentamos neste Carnaval

Finalmente Ana Mercedes pôde ser Rosa de Oxalá e nada ficou a lhe dever em requebro e dengue. A bunda solta, os seios livres, sob a bata de cambraia e rendas, o olhar de frete a pedir cama e estrovenga competente — porque essa mulata, ai, não é para qualquer bimbinha de fazer pipi —, enlouqueceu a praça e o povo.

Quem não sonhou com as coxas altas, o ventre liso, o oferecido umbigo? Bêbados e caretas arrojaram-se a seus pés de dança.

Exibia-se Ana Mercedes entre os principais passistas das gafieiras e cada um deles figurava um personagem do enredo: Lídio Corró, Budião, Valdeloir, Manuel de Praxedes, Aussá e Paco Muñoz. No carro alegórico, o afoxé dos Filhos da Bahia, o embaixador, o dançador, Zumbi e Domingos Jorge Velho, os negros de Palmares, os soldados do Império, o começo da luta. Despedaçavam-se no canto:

Do território mágico e real
Grandeza da inteligência nacional
Extraiu dos seres e das coisas
Um lirismo espontâneo

Kirsi de neve e trigo, vestida de estrela-d'alva, à frente do pastoril, tão loira e branca, linda sarará da Escandinávia. Dezenas e dezenas de mulheres, grande parte da ala feminina onde se acham inscritas beldades, estrelas, princesas e domésticas da mais alta qualidade, todas em poses sensuais num leito colossal a ocupar sozinho um dos carros alegóricos, talvez o de maior impacto. Precedendo-o no tablado, o mestre de cerimônias exibe um cartaz com o título daquela alegoria de tantas mulheres reunidas em leito comum e infinito: O DOCE OFÍCIO DE PEDRO ARCHANJO. Lá estavam todas elas em conversê e risos, as comborças, as comadres, as raparigas, as casadas, as cabaçudas, as negras, as brancas, as mulatas, Sabina dos Anjos, Rosenda, Rosália, Risoleta, Terência pensativa, Quelé, Dedé, cada uma sua vez. Do leito partiam seminuas para a roda do samba:

Glória glória
Do mundo brasileiro
Contempotâneo
Glória glória

Nos atabaques, agogôs, chocalhos e cabaças, o candomblé de feitas, iaôs e orixás. Procópio apanha de chicote no balé sinistro dos secretas, Ogum, imenso negro do tamanho de um sobrado, bota o delegado auxiliar Pedrito Gordo a correr na rua, a se mijar de medo. Prossegue a invencível dança.

Os capoeiristas trocam golpes impossíveis, Mané Lima e a Gorda Fernanda bailam o maxixe e o tango. A velha de sombrinha aberta, saia de babados e ritmo de cancã, é a condessa Isabel Tereza Martins de Araújo e Pinho, para os íntimos Zabela, princesa do Recôncavo, mundana de Paris.

Com chifres de diaba, envolta em chamas de papel vermelho, Doroteia anuncia o término do cortejo, desaparece num fogaréu de enxofre.

Louvemos pois as glórias alcançadas
Nas suas grandes jornadas
Nesse mundo de meu Deus
E tudo que expomos nas avenidas
São histórias já vividas
Contadas nos livros seus

Capoeiristas, filhas de santo, iaôs, pastoras, orixás, o terno de reis e o afoxé, passistas e formosas cantam, dançam e abrem alas, mestre Pedro Archanjo Ojuobá pede passagem:

Glória glória
Glória glória

Pedro Archanjo Ojuobá vem dançando, não é um só, é vário, numeroso, múltiplo, velho, quarentão, moço, rapazola, andarilho, dançador, boa prosa, bom no trago, rebelde, sedicioso, grevista, arruaceiro, tocador de violão e cavaquinho, namorado, terno amante, pai-d'égua, escritor, sábio, um feiticeiro.

Todos pobres, pardos e paisanos.

TEREZA BATISTA
CANSADA DE GUERRA

1972

"Peste, fome e guerra, morte e amor, a vida de Tereza Batista é uma história de cordel", define Jorge Amado na epígrafe do romance. Assim esta protagonista vem unir-se a Joana D'arc e Maria Madalena, heroínas populares na literatura de cordel, caracterizadas pela força singular e por uma vida repleta de atribulações e conflitos.

Santa, guerreira, mulher de muitos amores, Tereza Batista tem, assim como suas companheiras do cordel, uma vida mal-aventurada, marcada por acontecimentos de alta intensidade, brigas e tristezas, mas também por momentos de raro encantamento — como sua noite no mar, ao lado de Januário, que lhe diz: "Agora tu não é Iansã, tu só é Iansã na hora da briga. Agora tu é Janaína, rainha do mar". É, além disso, com sua valentia, sabedoria e ternura, mais uma homenagem de Amado à mulher brasileira, nascida de um povo "tão sofrido, nunca derrotado".

A cena reproduzida aqui pertence às páginas finais do romance e antecede a descrição da festa de casamento da santa, para quem a vida é um eterno recomeço.

ESPONSAIS

A festa de casamento de Tereza Batista foi tema de conversa e louvação durante longo tempo na cidade da Bahia. Rodolfo Coelho Cavalcanti celebrou-lhe a alegria e a grandeza num folheto de cordel, festa mais falada e referida, inesquecível. Pela fartura da comedoria, havendo quatro mesas repletas de um tudo. Numa delas, só comidas de azeite e coco, do vatapá ao efó de folhas, as moquecas e os xinxins, o acarajé e o caruru, o quitandê tão raro, as frigideiras. Nas outras, todo o gênero de quitutes: mal-assado, lombos, galinhas, conquéns e patos, os perus, vinte quilos de sarapatel, dois leitões, um cabrito, as travessas cheias e ainda sobrando na cozinha. E as sobremesas? Melhor não falar, só espécies de cocada havia cinco. Pela abastança de bebidas, garrafas e barris, chope, cerveja, batidas variadas, garrafões de vinho Capelinha, uísque, vermute, conhaque, a boa cachaça de Santo Amaro e os refrigerantes. No gelo, nas prateleiras dos armários sobrecarregados. Dr. Nelson Taboada, presidente da Federação das Indústrias, mandou de presente ao noivo, benquisto associado, uma dúzia de garrafas de champanha para o brinde após o sim.

Os fornos da Panificadora Nosso Senhor do Bonfim trabalharam sem cessar mas não o fizeram para servir à população de Brotas, naquele dia postos à disposição da festa. O feliz nubente, Almério das Neves, não é o dono do próspero estabelecimento, em breve um empório? Um favorecido da sorte, um venturoso, nasceu com certeza empelicado; se fez por si, tem direito a celebrar com pompa seu segundo casamento.

Para a grande festa a Bahia inteira recebeu convite e quem, por acaso, sobrou no esquecimento veio de penetra, não faltou ninguém. Realizou-se na residência de Almério, vizinha à padaria embora até ao pé dos fornos dançassem convidados noite adentro. Ao jazz-band Os Reis do Som, do cabaré Flor de Lótus, cabem louvores pela animação mas o auge sucedeu passada a meia-noite quando o trio elétrico desembocou na rua e a festa transformou-se em carnaval.

Unânime, compareceu a corporação dos panificadores, os monopolistas espanhóis e os concorrentes nacionais. Lá estavam os companheiros de Almério na confraria da igreja do Bonfim, e os do candomblé de São Gonçalo do Retiro onde ele tinha posto e título na casa de Oxalá. Sentada numa cadeira de braços, de alto espaldar, Mãe Senhora, rodeada pela corte dos obás. Representações de outros candomblés, a mãe-pequena Creusa, figurando mãe Menininha do Gantois, Olga de Alaketu toda nos trinques, Eduardo de Ijexá, mestre Didi e Nezinho do Muritiba, vindo especialmente. Os artistas para quem Tereza posara, Mário Cravo, Carybé, Genaro, Mirabeau e aqueles ainda esperando vez e ocasião, ai nunca mais! Entre eles, Emanuel, Fernando Coelho, Willys e Floriano Teixeira que pelo nome, por ser maranhense e bom de prosa, recorda a Tereza o amigo Flori Pachola, do Paris Alegre, em

Aracaju. Junto com os artistas, os literatos a gastar uísque, escolhendo marcas, uns perdulários, uns esnobes: João Ubaldo, Wilson Lins, James Amado, Ildásio Tavares, Jehová de Carvalho, Cid Seixas, Guido Guerra e o poeta Telmo Serra. O alemão Hansen e os arquitetos Gilberbert Chaves e Mário Mendonça escutam, atentos, mestre Calá contar pela milésima vez a história verídica da baleia que embocou no rio Paraguaçu e engoliu um canavial inteiro. Se alguém tiver ocasião de se encontrar com o gravador do lírico casario e das bravias cabras, aproveite para ouvir a história, quem não a ouviu não sabe o que perdeu.

Assim postos os nomes, parece ter havido excesso de homens e falta de mulheres. Engano, pois cada um deles estava com a esposa, alguns com mais de uma. Em nome de Lalu, dona Zélia levou perfume para a noiva e no próprio nome um anel de fantasia, dona Luiza, dona Nair e dona Norma levaram flores. E as mulheres da vida, essas não contam? Sérias, quase solenes, trajadas com muita discrição, as caftinas. Senhoras de alto gabarito: Taviana, a velha Acácia, Assunta, dona Paulina de Souza de braço com Ariosto Alvo Lírio. Modestas, retraídas, umas tímidas meninas, as raparigas, algumas com os xodós ao lado. Uma princesa, a negra Domingas, favorita de Ogum.

Num canto da sala, quase escondido pela cortina da janela e por Amadeu Mestre Jegue, Vavá na cadeira de rodas. Tereza o escolhera para padrinho ante o juiz juntamente com dona Paulina, Toninha e Camafeu de Oxóssi. No padre, o pintor Jenner Augusto e a esposa, fidalga sergipana de autênticos pergaminhos e, vejam só! sem preconceitos. As testemunhas de Almério são o banqueiro Celestino, que lhe fornece crédito e conselhos, o advogado Tibúrcio Barreiros, o dr. Jorge Calmon, diretor de *A Tarde*, gente da alta. No religioso, o noivo conservou os mesmos do primeiro casamento: Miguel Santana, um obá do Axé Opô Afonjá, bom de cantiga e dança, patriarca outrora rico, tendo ajudado Almério nas aperturas do começo, e Taviana, proprietária do castelo onde ele por duas vezes foi buscar noiva. Tendo sido tão feliz no casamento com Natália, por que mudar de padrinhos? Zeques, em plena convalescença, conduzirá as alianças.

Para celebrar a cerimônia religiosa foi escolhido d. Timóteo, um beneditino magro, ascético e poeta. Para o ato civil, o desembargador Santos Cruz, naquele tempo ainda juiz em vara de família.

Estando de violão em punho, com certeza Dorival Caymmi cantará para a noiva, não lhe compôs uma modinha? Trouxe com ele dois rapazolas, ainda muito jovens, os dois com pinta de músico, um chamado Caetano, o outro, Gil. Quanto ao brinde aos nubentes, quem poderia fazê-lo senão o infalível vereador Reginaldo Pavão; para essas circunstâncias de batizado e matrimônio não existe orador mais indicado, é sem rival.

Só faltaram mesmo mestre Manuel e Maria Clara, o saveiro *Flecha de São Jorge* encontrando-se de viagem, em Cachoeira. Tampouco compareceu mestre Caetano Gunzá, se bem a barcaça *Ventania* estivesse recebendo carga, fundeada em Água de Meninos. Não era ele de festas, bastando-lhe a festa do mar e das estrelas.

Impossível noivo mais alegre. Traja roupa nova, terno branco de HJ inglês, luxos de abastado, de filho predileto de Oxalá. Pouco antes das quatro da tarde, hora marcada para o casamento, um portador apareceu trazendo aflito recado de Tereza — a noiva pede para Almério dar um salto urgente em casa de dona Fina onde ela se prepara para as bodas.

O SUMIÇO
DA SANTA

1988

A "história de feitiçaria" a que se refere o subtítulo deste livro trata não das feiticeiras europeias e seus poderes extraordinários, mas do cotidiano do povo de santo, como são chamados os adeptos do candomblé na Bahia.

Usando um acontecimento pontual como suporte narrativo, o sumiço de uma imagem de Santa Bárbara às vésperas de uma exposição de arte sacra, Amado cria uma fábula intrigante em que apresenta duas visões de mundo aparentemente antagônicas, percebidas no contraste entre as personagens Adalgisa, católica e puritana, e sua filha Manela, uma adolescente rebelde, fogosa e adepta do candomblé.

Para o povo de santo, a palavra falada é mais forte que a palavra escrita, e o trecho escolhido dá mostras do talento do autor em usar não apenas a estrutura e lógica próprias do contador de histórias, como também a escrita em seu registro mais poético. O mito de origem de Oxalá é contado numa bela sequência na qual Amado revela-se um irreverente feiticeiro das palavras.

OXALÁ, O MAIOR DE TODOS

AS DUAS TIAS

Aquela Quinta-Feira do Bonfim foi decisiva na vida de Manela. Para a determinação e a mudança tudo concorreu: os episódios e os detalhes. A procissão, fausta jornada de canto e dança, a pompa das baianas, a praça da colina embandeirada com papel de seda, enfeitada com palmas de coqueiro, a lavagem do átrio da basílica, as feitas recebendo os encantados, o ritual sagrado e o almoço com os primos na mesa de namoro, os comes e bebes, o dendê escorrendo da boca para o queixo, as mãos lambuzadas, a cerveja gelada, as batidas e o quentão de cachaça, canela e cravo, o fútingue em torno do largo com a irmã, a prima e os rapazes, os assustados em casas de família e o baile público na rua, os trios elétricos, o acender das gambiarras, das lâmpadas coloridas na fachada da igreja, ela vagando em meio à multidão e Miro a seu lado, conduzindo-a pela mão. Sensação de leveza, Manela sentia-se capaz de sair voando, andorinha liberta na euforia da festa.

Pela manhã, ao chegar à igreja da Conceição da Praia, era

uma pobre menina, infeliz. Oprimida, sem vontade própria, sempre na defensiva: medrosa, embusteira, esmorecida, fingida, submissa. Sim, tia. Ouvi, tia. Já vou, tia. Bem-mandada. Comparecera à procissão porque Gildete exigira, num ultimato de ameaças medonhas:

— Se você não estiver aqui cedinho, vou lhe buscar, e sou muito mulher de partir a cara daquela tipa se ela ousar dizer que você não pode vir comigo. Onde já se viu uma coisa dessas? Pensa que tem o rei na barriga, não passa de uma emproada, uma lambe-merda. Não sei como Danilo suporta tanto enjoo, é preciso ter muito saco.

As mãos na cintura, em pé de guerra, completou:

— Tenho contas a ajustar com essa lambisgoia, andou falando de mim, me tratando de arruaceira e macumbeira. Um dia ela me paga.

Bonachona, cordial, amorosa, um doce de coco, tia Gildete não guardava rancor; as anunciadas desforras, as prometidas vinganças não iam além das palavras. Mas, nas raras ocasiões em que se enfurecia e, perdida a tramontana, transformava-se, virava pelo avesso, capaz dos piores absurdos.

Não irrompera, desatinada, feito louca, no gabinete do secretário de Educação quando da tentativa governamental de suspender a merenda escolar a título de economia? Tenha calma, professora! — e mais não disse o secretário. Perdeu a compostura, abandonou a sala precipitadamente, no temor de agressão física, ao encarar a figura robusta de Gildete, em trem de briga, as ríspidas palavras de acusação, em nome das crianças pobres, a sombrinha erguida — pernas pra que te quero? Funcionárias em pânico tentaram detê-la, Gildete as afastara na raça; disposta, sem ligar a protestos e proibições, fora atravessando as antessalas até chegar ao recinto sagrado onde o secretário despachava. A fotografia saiu nos jornais, ilustrando as notícias sobre o projeto de supressão da merenda escolar até então guardado em sigilo; resultou numa tal onda de protestos, ameaça de greve e passeata que a medida foi cancelada e Gildete escapou de desabonadora advertência em sua folha de serviços. Em lugar de reprimenda, louvores, pois o governador aproveitou-se do acontecido para livrar-se do secretário, de cuja lealdade política duvidava. De contrapeso atribuiu-lhe a autoria da desastrada ideia e o entregou às feras.

Louvores e certa notoriedade: em discurso na Assembleia Estadual, Newton Macedo Campos, combativo deputado oposicionista, referiu-se ao incidente, colocou Gildete nas alturas, tratando-a de "ardente patriota e ínclita cidadã, nobre paladina das crianças, líder da sacrificada classe dos professores". Aliás, quiseram cooptá-la para a direção do sindicato mas ela recusou: gostava dos elogios mas não nascera para líder ou paladina.

Fazendo das fraquezas força, Manela obedeceu e de manhã cedo tocou-se para a casa de tia Gildete, aproveitando a ausência de Adalgisa, que fora, em companhia do marido, à missa de sétimo dia da esposa de um colega de Danilo. Levou os cadernos e os livros de inglês para que ela a pensasse na aula, calculava estar de volta para o almoço. Controlaria a hora no relógio, abandonaria a procissão a tempo de reaver o vestido e os livros, pegar o ônibus, tudo cronometrado. Assim, tremendo por dentro, assustada com a própria audácia, trocou de roupa, enfiou as anáguas e a saia rodada, os seios nus sob a bata de baiana — ai, se tia Adalgisa visse uma coisa dessas!

Dizer que não se arrependeu, que adorou, é pouco dizer: ao

retomar o caminho da casa, fora de horas, era outra Manela: a Manela verdadeira, aquela que se escondera após a morte dos pais, se apagara no receio do castigo. Do castigo de Deus que, onipresente, tudo enxerga e tudo anota para o ajuste de contas no dia do Juízo Final e do castigo da tia Adalgisa que a criava e educava. A tia, atenta e bisbilhoteira, ao ver ou ao saber, cobrava na hora, no grito e na taca de couro.

É de verde que se torce o pepino, Manela completara treze anos ao vir para a companhia dos tios, não era assim tão nova e, segundo Adalgisa, os pais haviam-na educado muito mal. Menina--moça cheia de manhas e vontades, habituada às más companhias, ao trato de gentinha, solta com as colegas de colégio nas matinês de cinema, nos auditórios das televisões participando de programas que de infantis só tinham o nome, nas festas de largo, até a terreiros de candomblé a haviam levado, os irresponsáveis.

Adalgisa pusera-lhe o cabresto, ditara horários rígidos, não lhe permitia trocar pernas pelas ruas, e, quanto a festas e cinemas, somente acompanhada pelos tios. Terreiros de santos, nem falar: Adalgisa tinha horror a candomblé. Horror sagrado, o adjetivo se impõe. Cabresto curto, pulso forte, trazia-a sob controle, castigava sem dó nem piedade. Estava cumprindo seu dever de mãe adotiva — um dia, instalada na vida, Manela lhe agradeceria.

A HORA DO MEIO-DIA

Exê-ê-babá! As palmas das mãos abertas na altura do peito, Manela saudara a chegada de Oxalufã, Oxalá velho, ao pátio da Basílica do Bonfim: curvando-se diante da tia Gildete ao vê-la estremecer, fechar os olhos e quebrar o corpo sobre os joelhos, possuída. Apoiando-se na vassoura, improvisado paxorô, Gildete saiu dançando um ponto do encantado: velho, alquebrado mas por fim forro do cativeiro, da cadeia onde penara sem julgamento nem sentença, Oxalá festejava a liberdade. Quando ele se mostrou na praça, os sinos repicavam anunciando a hora do meio-dia. Hora em que Manela contara estar de volta à avenida da Ave--Maria, para o almoço. Vestida de estudante, saia e blusa, os seios presos no corpete, na mão a pasta com os livros e os cadernos de inglês, como se chegasse da aula no instituto. Bom dia, tia, como foi de missa?

Decerto esquecera ou desistira e, ao ouvir os sinos, já não adiantava recordar-se, pois ao meio-dia e meia hora em ponto, tio Danilo sentava-se à mesa e tia Adalgisa servia o de-comer. Se Manela por acaso se atrasava, o prato feito esfriava à espera na cozinha: chegou tarde, coma comida fria para aprender a chegar na hora. Naquele dia Adalgisa nem sequer se ocupou com o prato feito, e ela própria mal provou o bife de caçarola com feijão-fradinho — ficou na primeira garfada, o espanto e a indignação trancaram--lhe a garganta. A boca amarga como fel, a cabeça estalando, muda, sem querer acreditar no que os olhos viram — antes fosse cega.

AS ÁGUAS DE OXALÁ

Quem anda para trás é caranguejo, considerara na véspera tia Gildete, chegada a frases feitas, a histórias e a recitativos, encerrando a diatribe contra Adalgisa. Voltando a seu normal, sentada entre as sobrinhas, fazendo cafuné na filha Violeta acocorada a seus pés, referira-se à lenda das águas de Oxalá e a relatara — se quiserem ouvir eu conto. Se o fez com algum propósito não o proclamou. Temperou a goela e disse o que se segue, palavra a mais, palavra a menos:

— Contam os antigos, ouvi de minha avó, negra grunci, que Oxalá saiu um dia percorrendo as terras de seu reino e dos reinos de seus três filhos, Xangô, Oxóssi, Ogum, para saber como vivia o povo, na intenção de corrigir injustiças e castigar os maus. Para não ser reconhecido, cobriu o corpo com trapos de mendigo e partiu a perguntar. Não percorreu muito caminho: acusado de vadiagem, levaram-no preso e o espancaram. Por suspeito meteram-no no xilindró, onde, ignorado, viveu anos inteiros, na solidão e na sujeira.

Um dia, passando por acaso defronte da mísera cadeia, Oxóssi reconheceu o pai desaparecido, dado por morto. Libertado às pressas, cercado de honrarias, antes de retornar ao palácio real, foi lavado e perfumado. Cantando e dançando, as mulheres trouxeram água e bálsamo e o banharam; as mais belas aqueceram-lhe o leito, o coração e as partes.

Aprendi em carne própria as condições em que o povo vive no meu reino e nos reinos de meus filhos; aqui e lá e em toda parte, campeiam o arbítrio e a violência, regras da obediência e do silêncio: trago as marcas no meu corpo. As águas que apagam o fogo e lavam as chagas, vão apagar o despotismo e o medo, a vida do povo vai mudar: empenhou sua palavra, pôs em jogo seu poder de rei. Essa é a história das águas de Oxalá, passou de boca em boca, atravessou o mar e assim chegou à nossa capital baiana: muita gente que acompanha a procissão, carregando potes e moringas com água de cheiro para lavar o chão da igreja, não sabe por que o faz. Fiquem vocês sabendo e passem adiante, aos filhos e aos netos quando os tiverem: a história é bonita e contém ensinamento. Calou-se Gildete, sorriu para a filha e as sobrinhas. Tomando de Manela pela mão, aconchegou-a contra o peito e a beijou nas faces, acarinhou-lhe o cabelo cacheado.

Oxalá não conseguiu mudar a vida do povo, é fácil conferir. Ainda assim deve-se reconhecer que nenhuma palavra pronunciada contra a violência e a tirania é vã e inútil: alguém ao ouvi-la pode superar o medo e iniciar a resistência. Eis que Manela percorreu os caminhos de Oxalá no pátio da Basílica do Bonfim na hora em que devia estar chegando em casa.

A EQUEDE

Quando os sinos repicaram, na aflição da hora perdida, Manela pegou-se com Senhor do Bonfim para quem nada é impossível. Nos altos da sacristia, todo um andar repleto de agradecimentos e ex-votos, o museu terrível dos milagres, atesta e prova o poder do santo padroeiro.

Ao mesmo tempo em que invoca a proteção divina — Misericórdia, meu Senhor do Bonfim! —, num gesto instintivo, hereditário, Manela inicia o ritual das equedes, acólitas das feitas no cuidado dos orixás manifestados: desenrolou da cintura a faixa imaculada para com ela limpar o suor no rosto de Gildete: as mãos na cintura, os punhos fechados, Oxalá resmunga ordens.

Manela tinha consciência da dimensão da falta cometida, do tamanho do delito: maior não podia ser, ai, não podia! Precisava inventar explicação veraz, astuciar desculpa admissível que sustasse o braço desapiedado de tia Adalgisa e lhe calasse a boca de impropérios — certos insultos doíam mais do que um par de bofetões. Tornara-se difícil enrolar a tia, desconfiada e especuladora, mas por vezes Manela conseguia convencê-la e escapar do sermão, dos xingos e da taca de couro. Não que fosse de natureza embusteira, mas, em horas de pânico e humilhação, não havia outra coisa a fazer senão mentir. Pior ainda quando nada lhe ocorria, e só lhe restava confessar o erro e pedir perdão: perdão, tia, não faço mais, nunca mais, juro por Deus, pela alma de minha mãe. O pedido de perdão não evitava o castigo, quando muito o abrandava — será que valia a pena?

Enxugou a face de tia Gildete e, sem pensar, como se obedecesse ordens — quem sabe as ordens resmungadas de Oxalá —, acompanhou-a ao longo da dança triunfal do encantado, comemorativa da liberdade conquistada, do fim da solidão e da sujeira. Foi ficando tonta, sentia uma comichão nos braços e nas pernas, tentava equilibrar-se, não conseguia, dobrou o corpo, deixou-se ir. Como num sonho, percebeu-se outra, pairando no ar, e deu-se conta de que não precisava inventar desculpas, astuciar mentiras, pois não estava cometendo crime, delito, erro ou falta, nenhum pecado. Não havia culpa a confessar, motivo para pedir perdão e merecer castigo. Num passo de alforria, Manela dançou defronte de Oxalá, Babá Oquê, pai da colina do Bonfim — evoluíam ela e tia Gildete no pátio da basílica em meio às palmas cadenciadas das baianas. Como sabia aqueles passos, onde aprendera aquele ponto, adquirira aquele fundamento? Lépida e leve, posta de pé contra o cativeiro, já não lhe pesavam no lombo a culpa e o medo.

Oxalufã, Oxalá velho, o maior de todos, o pai, veio para ela e a abraçou e abraçada a manteve contra o peito, estremecendo e fazendo-a estremecer. Ao afastar-se, salvou bem alto para que soubessem: Eparrei!, e as baianas repetiram, curvando-se diante de Manela: Eparrei!

Iansã partiu tão de súbito como veio. Levou embora, para enterrar no mato, a imundície acumulada, toda aquela porcaria: a pusilanimidade e a submissão, a ignomínia e o fingimento, o medo das ameaças e dos gritos, dos tapas na cara, da taca de couro pendurada na parede e, pior que tudo, dos pedidos de perdão. Oiá limpara o corpo de Manela, fizera-lhe a cabeça.

Ao susto e à mortificação que a dominaram quando os sinos marcaram a hora do meio-dia sucedeu um completo desafogo: tomada de alegria, na repulsa à canga e ao cabresto, Manela rediviva. Assim rolaram naquela Quinta-Feira do Bonfim as águas de Oxalá. Apagaram o fogo do inferno, axé.

A DESCOBERTA DA
AMÉRICA PELOS TURCOS

1992

Este livro relata a vida dos árabes Raduan Murad e Jamil Bichara, emigrantes em busca de dinheiro e mulheres. Como que influenciado pela mística que envolve os antigos contadores de histórias do Oriente Médio, Jorge Amado parece forjar uma narrativa que busca simplesmente passar o tempo e distrair o leitor, enquanto, na verdade, ele aborda questões fundamentais para o país, como a injustiça, o abuso de poder, a exclusão social daqueles vindos de "distintas plagas" — sertanejos, sergipanos, judeus, turcos (os "turcos" englobavam árabes, sírios e libaneses), gente a tentar a vida no sul da Bahia, "o recém-descoberto eldorado do cacau".

A cena aqui reproduzida descreve a rotina das jovens Adma, Jamile e Farida, as formosas turcas do armarinho, no balcão da venda, onde usufruíam de todo o poder que tinham para seduzir os rapazes da região.

GUERRA SANTA

As meninas substituíram a mãe no balcão de vendas, mas preocupavam-se menos com a mercadoria e com as freguesas do que com os namorados. Retirado o freio, desmandavam-se. Nos tempos de Sálua acenavam para os rapazes das altas janelas do sobrado, castos namoros de caboclo; órfãs de mãe, arrulhos no balcão, beijos e bronhas na porta do quintal. À exceção de Adma, que não gostava de vender e não encontrara quem lhe arrastasse a asa. Foram-se as economias nos enxovais das filhas mais jovens. Casaram-se com rapazes da região, nenhuma delas escolheu patrício com índole e disposição para o comércio. Votos de louvor para o matrimônio de Jamile, a segunda em idade, pois Ranulfo Pereira, o noivo, estava bem encaminhado com roças plantadas em Mutuns, já colhia suas trezentas arrobas de cacau. Samira, dois anos mais moça, seguira destino modesto, porém digno, ao receber a bênção nupcial em companhia do telegrafista Clóvis Esmeraldino — não sendo moço de posses, era de letras, charadista, decifrador de logogrifos, versejador de almanaque, capitais de duvidosa renda, mas de lustre e estimação. Quanto à caçula, Fárida, diziam-na a mais formosa entre as turcas do armarinho. Um pitéu, na cúpida designação de Alfeu Bandeira, aprendiz de alfaiate sob as vistas de mestre Ataliba Reis, dono da Alfaiataria Inglesa, cujas portas se abriam em frente às do sobrado dos Jafet. Alfeu degustou o pitéu que, diga-se a verdade, se oferecia num descaro condenado com vigor pelas famílias da vizinhança: tamanho agarramento, tanta esfregação tinha de acabar mal. Acabou bem, em casamento às pressas. Véus de tule esvoaçando sobre a intrépida barriguinha de Fárida, prenha de quatro meses, flores de laranjeira na grinalda, símbolos de pureza e virgindade. Virgem, só se for no sovaco, comentou mestre Ataliba, escolhido padrinho pelo noivo. No sovaco, será?, duvidou Raduan Murad, padrinho da noiva, cético como convém a um erudito. Puseram-se, no entanto, os dois de acordo com dona Abigail Carvalho, costureira responsável pelo vestido da nubente, quando a distinta a comparou a um querubim.

Sem cacau nem logogrifo, Alfeu esforçou-se no balcão de O Barateiro. Não lhe faltava boa vontade, faltava-lhe tudo o mais: por ocasião do balanço foi aquele deus-nos-acuda. Quando Ibrahim deu de si, estavam ameaçadas a pescaria, as apostas na dama e no gamão, as noites de pândega e a solvência do armarinho. Não cabia a Alfeu a culpa total do descalabro pois, na mesma época, Adma se levantara em guerra.

Guerra santa, nela se empenhara desde que a alma de Sálua lhe aparecera em sonhos penando no infinito, sem poder assumir o merecido lugar na mão do Padre Eterno devido à dissipação a que a família se entregara após tê-la levado ao cemitério. Como gozar as delícias da bem-aventurança se na terra os entes queridos viviam na iniquidade e no pecado? Para salvar a alma da mãe, Adma partira a combater.

Tinha metas a cumprir, estabelecidas em noites de vigília, de solidão e desventura. Pouco podia fazer, infelizmente, em relação à soberbia de Jamile, metida a rica, cheia de si — tomava café, arrotava chocolate —, ou ao descaro de Samira, em risota e derriço na vista do marido e na boca do mundo, uma pouca-vergonha. Morava uma em Mutuns, a outra ao lado da estação da estrada de ferro, ambas longe de sua autoridade imediata. Somente de raro em raro, quando as ímpias vinham de visita, Adma lavava o peito, desabafava. Jamile respondia com o desprezo, Samira ria-lhe na cara, a debochada.

Em troca podia muito em se tratando de Fárida, de Alfeu e de Ibrahim, ali à mão, sem escapatória: não os poupava. Punha ordem na casa, exigia decoro nos costumes. Obrigava Fárida, pobre querubim, a abandonar a boa vida para vir ajudar nas labutas do sobrado, tantas e pesadas! Começando por cuidar do filho — as mamadeiras, os cueiros sujos, as fraldas molhadas, o choro, o cocô e o vômito — em vez de prosseguir na descaração com Alfeu, trocas de beijos ao balcão, de beliscos e apalpadelas diante da freguesia como se continuassem namorados. Não fora ela, Adma, quem se rebolara no portão do quintal, por que havia de ser ela a se ocupar do mijo e da merda do menino?

Mas o alvo principal da porfia era Ibrahim. Resgatá-lo do desregramento, da perdição em que chafurdara a partir da viuvez, quando abandonara por completo o negócio da família. Se o trouxesse de volta ao bom caminho, a alma de Sálua alcançaria por fim o paraíso. Missão sagrada, Adma dispunha-se a levá-la a cabo, custasse o que custasse.

De Sálua, Adma herdara o caráter forte, a severidade e o dom do mando. Pena não ter herdado os traços do rosto e as formas do corpo. No particular saíra ao pai, ossuda, escanzelada, sem as abundâncias de busto e de quadris, os meneios no andar, os grandes olhos e os cabelos de seda da mãe e das irmãs. O leve buço que todas elas exibiam sobre o lábio, um detalhe a mais na formosura, em Adma se desenvolvera em bigode espesso. Injustiças do céu, de quem a culpa?

Com a idade e o desalento, os dotes morais legados por Sálua transformaram-se em agressividade e intolerância. Raduan Murad, estudioso da natureza humana, de causas e consequências, não a designava matriarca; baixando a voz, o luminar a definia: virago!

Examinando nas ameaçadas manhãs de pescaria as diversas facetas do problema, Ibrahim concluiu pela existência de uma única e brilhante solução, capaz de resolver a dupla crise, moral e financeira, livrando-o ao mesmo tempo da inépcia do genro e do despotismo da filha mais velha — as outras uns amores, todas as três. Devia encontrar patrício solteiro e modesto que assumisse a gerência de O Barateiro e fizesse de Adma sua esposa. O sangue árabe do pretendente garantiria a vocação para o comércio e a disposição para o trabalho. A condição modesta facilitaria a realização dos esponsais. Não fosse assim, como fazê-lo aceitar a feiúra por boniteza, o amargor por pudicícia?

Todo mundo sabe e nos livros se proclama que a verdadeira beleza da mulher não se resume aos seus encantos físicos nem a eles cabe a primazia. A verdadeira beleza da mulher reside antes do mais nas virtudes que lhe ornamentam o coração e aformoseiam a alma. Levando em conta virtudes indiscutivelmente peregrinas — a condição de herdeira, a participação nos lucros do armarinho, a ilibada virgindade —, como negar certa beleza a Adma?

Ademais, não sendo pimpona como as irmãs, tampouco era aleijada ou fraca da cabeça. Pureza total, assinalada: jamais conhecera atrevimento de galanteador, jamais assistira a lua nascer no portão do quintal. Revestida com as rendas e as fitas de O Barateiro, quem sabe encontraria candidato capaz de levá-la ao altar e de fazer-lhe a caridade?

Façanha difícil, concluía Ibrahim, mas necessária, urgente, imprescindível: Adma atingira a idade do azedume e da maldade.

TRAJETÓRIA DE JORGE AMADO

INFÂNCIA GRAPIÚNA: ENTRE A FAZENDA
DE CACAU E O MAR DA BAHIA

Jorge Amado nasceu em 10 de agosto de 1912, na fazenda Auricídia, em Ferradas, distrito de Itabuna, filho de João Amado de Faria e Eulália Leal. O pai havia migrado de Sergipe para se tornar fazendeiro de cacau na Bahia. Além de Jorge, o primeiro filho, o casal teve Jofre, que morreu aos três anos, Joelson e James. Antes que o primogênito completasse dois anos, a família mudou-se para Ilhéus, fugindo de uma epidemia de varíola (a "bexiga negra").

No litoral sul da Bahia, a "nação grapiúna", o menino Jorge Amado ganhou intimidade com o mar, elemento fundamental de seus livros, e viveu algumas de suas experiências mais marcantes. Cresceu em meio a lutas políticas, disputas pela terra e brigas de jagunços e pistoleiros. Seu pai foi baleado em uma tocaia. Em companhia do caboclo Argemiro, que nos dias de feira o colocava na sela e o levava a Pirangi, o menino conheceu as casas de mulheres e as rodas de jogo.

A região cacaueira seria um dos cenários preferidos do autor, atravessando toda sua carreira literária, em livros como *Terras do sem-fim*, *São Jorge dos Ilhéus*, *Gabriela, cravo e canela* e *Tocaia Grande*, nos quais relata as lutas, a crueldade, a exploração, o heroísmo e o drama associados à cultura do cacau que floresceu na região de Ilhéus nas primeiras décadas do século XX.

OS ANOS DE APRENDIZADO E A DESCOBERTA
DA PAIXÃO PELAS LETRAS

Jorge Amado tomou contato com as letras através da mãe, que o alfabetizou pela leitura de jornais. Completou os estudos iniciais num internato religioso: com onze anos foi mandado a Salvador para estudar no Colégio Antônio Vieira.

Apesar da sensação de encarceramento e da saudade que sentia da liberdade e do mar de Ilhéus, o menino experimentou ali a paixão pelos livros. Seu professor de português era o padre Luiz Gonzaga Cabral, que lhe emprestou livros de autores como Charles Dickens, Jonathan Swift, José de Alencar e clássicos portugueses. O padre Cabral foi o primeiro a sentenciar que Jorge Amado se tornaria escritor, ao ler uma redação de seu aluno, intitulada "O mar".

Em 1924, o menino fugiu do internato e passou dois meses percorrendo o sertão baiano. Viajou até Itaporanga, em Sergipe, onde morava seu avô paterno, José Amado. Seu tio Álvaro, uma das figuras mais importantes de sua infância, foi buscá-lo na fazenda do avô.

Depois de transferir-se para outro internato, o Ginásio Ipiranga, em 1927 Jorge Amado foi morar em um casarão no Pelourinho, em Salvador. O prédio serviria de inspiração ao seu terceiro romance, *Suor*, publicado em 1934.

ESTREIA COMO PROFISSIONAL DA PALAVRA

Aos catorze anos, Jorge Amado conseguiu seu primeiro emprego: repórter policial no *Diário da Bahia*. Em seguida, passou a trabalhar em O *Imparcial*. Nessa época, participava intensamente da vida popular e da boemia de Salvador, frequentava "casas de raparigas", botecos, feiras e costumava sair com os pescadores em seus saveiros.

Em 1928, fundou com amigos a Academia dos Rebeldes, reunião de jovens literatos que pregavam "uma arte moderna, sem ser modernista", antecipando a ênfase social e o teor realista que caracterizariam o romance do Movimento de 30. O grupo era liderado pelo jornalista e poeta Pinheiro Viegas e dele faziam parte Sosígenes Costa, Alves Ribeiro, Guilherme Dias Gomes, João Cordeiro, o etnólogo Edison Carneiro, entre outros. Foi este último quem apresentou Jorge Amado ao pai de santo Procópio, de quem o escritor recebeu seu primeiro título no candomblé: ogã de Oxóssi.

A descoberta do candomblé, religião celebrativa em que não existe a noção do pecado, e o contato com as tradições afro-brasileiras e com a história da escravidão levaram Jorge Amado a desenvolver uma visão específica da Bahia — e do Brasil —, que perpassa toda a sua criação literária: uma nação mestiça e festiva.

OS PRIMEIROS LIVROS

A primeira obra publicada por Jorge Amado foi a novela *Lenita*, escrita em 1929 em coautoria com Edison Carneiro e Dias da Costa. O texto saiu nas páginas de O *Jornal*, e o escritor usou o pseudônimo Y. Karl para assiná-lo. Mais tarde, preferiu não incluir o texto na lista de suas obras completas. "É uma coisa de criança. Nós éramos muito meninos quando fizemos *Lenita*", diria Jorge Amado sobre a obra.

Em 1931, aos dezoito anos, lançou seu primeiro livro, O *país do Carnaval*, publicado pelo editor Augusto Frederico Schmidt. O romance é considerado sua verdadeira estreia literária. No mesmo ano, Jorge Amado ingressou na Faculdade de Direito do Rio de Janeiro, cidade onde passou a residir. Embora tenha se formado advogado, nunca exerceu a profissão.

Em 1932, desistiu de editar o romance *Rui Barbosa nº 2*, aconselhado por amigos que acharam o texto muito similar ao livro de estreia. No mesmo ano, após visitar Pirangi, povoado que viu nascer próximo a Itabuna, decide escrever sobre os trabalhadores da região. Com *Cacau*, Jorge Amado dá início ao ciclo de livros que retratam a civilização cacaueira.

O CÍRCULO DE AMIZADES DO MOVIMENTO DE 30

Em meio à efervescência cultural do Rio de Janeiro, então capital do país, Jorge Amado travou amizade com personalidades da política e das letras, como Raul Bopp, José Américo de Almeida, Gilberto Freyre, Carlos Lacerda, José Lins do Rego e Vinicius de Moraes.

A convivência com o chamado Movimento de 30 marcou profundamente sua personalidade e a preocupação que reteve com os problemas brasileiros. Jorge Amado viajou até Maceió especialmente para conhecer Graciliano Ramos. Nesse período, a escritora Rachel de Queiroz lhe apresentou aos ideais igualitários do comunismo.

Em 1934, com a publicação de *Suor*, sua ficção aventurou-se pela realidade urbana e degradada da capital Salvador. Dois anos depois, lançou *Jubiabá*, romance protagonizado por Antônio Balduíno, um dos primeiros heróis negros da literatura brasileira. Aos 23 anos, Jorge Amado começou a ganhar fama e projeção: o livro tornou-se seu primeiro sucesso internacional. Publicado em francês, foi elogiado pelo escritor Albert Camus em artigo de 1939.

MILITÂNCIA, CENSURA E PERSEGUIÇÕES

Sensibilizado com as fortes desigualdades sociais do país, em 1932 Jorge Amado filiou-se ao Partido Comunista Brasileiro (PCB). Quatro anos depois foi preso pela primeira vez, no Rio de Janeiro, acusado de participar da Intentona Comunista. O ano era 1936, e Jorge Amado publicou um de seus livros mais líricos, *Mar morto*, protagonizado pelo mestre de saveiro Guma. O livro inspirou o amigo Dorival Caymmi a compor a música "É doce morrer no mar".

O romancista casou-se em 1933 com Matilde Garcia Rosa, na cidade de Estância, em Sergipe. Com ela, Jorge Amado teve uma filha, Eulália Dalila Amado, nascida em 1935 e falecida subitamente com apenas catorze anos.

Em meados dos anos 30, Jorge Amado fez uma longa viagem pelo Brasil, pela América Latina e pelos Estados Unidos, durante a qual escreveu *Capitães da Areia*. Ao retornar, foi preso novamente, devido à supressão da liberdade política decorrente da proclamação do Estado Novo (1937-50), regime de exceção instituído por Getúlio Vargas. Em Salvador, mais de mil exemplares de seus livros de foram queimados em praça pública pela polícia do regime. Libertado em 1938, Jorge Amado transferiu-se do Rio para São Paulo, onde passou a dividir apartamento com o cronista Rubem Braga. Voltou a morar no Rio de Janeiro, e entre 1941 e 1942 exilou-se no Uruguai e na Argentina, onde escreveu a biografia de Luís Carlos Prestes, *O cavaleiro da esperança*, publicada originalmente em espanhol, em Buenos Aires, e proibida no Brasil. Ao retornar ao país, foi detido pela terceira vez, agora em regime de prisão domiciliar, na Bahia. Em 1943, escreveu para a coluna "Hora da guerra", nas páginas de *O Imparcial*. No mesmo ano, o romance *Terras do sem-fim* foi o primeiro livro a ser publicado e vendido depois de seis anos de proibições às obras do autor.

A UNIÃO COM ZÉLIA E A ATIVIDADE POLÍTICA

Em 1944, Jorge Amado separou-se de Matilde, após onze anos de casamento. No ano seguinte, em São Paulo, chefiava a delegação baiana no I Congresso Brasileiro de Escritores quando conheceu Zélia Gattai. A escritora se tornaria o grande amor de sua vida. Em 1947, nasceu o primeiro filho do casal, João Jorge. Quando o menino completou um ano, recebeu de presente do pai o texto *O gato malhado e a andorinha Sinhá*, com desenhos de Carybé. Com

Zélia, Jorge Amado teve também a filha Paloma, nascida em 1951, na Tchecoslováquia. Jorge e Zélia oficializaram a união apenas em 1978, quando já eram avós.

Em 1945, Jorge Amado foi eleito deputado federal pelo PCB para a Assembleia Constituinte. Assumiu o mandato no ano seguinte, e algumas de suas propostas, como a que instituiu a liberdade de culto religioso, foram aprovadas e viraram leis. Alguns anos depois, porém, o partido foi colocado na clandestinidade e Jorge Amado teve o mandato cassado. Em 1948, partiu para a Europa e fixou-se em Paris. Durante o período de exílio voluntário, conheceu Jean-Paul Sartre e Picasso, entre outros escritores e artistas. Em 1950, o governo francês expulsou Jorge Amado do país, por motivos políticos.

O autor passou a morar na Tchecoslováquia, e nos anos seguintes viajou pelo Leste Europeu, visitando a União Soviética, a China e a Mongólia. Escreveu seus livros mais engajados, como a trilogia Os subterrâneos da liberdade, publicada em 1954. Em 1956, após as denúncias de Nikita Kruschev contra Stálin no 20º Congresso do Partido Comunista da União Soviética, Jorge Amado se desliga do PCB.

HUMOR, SENSUALISMO E A CONTESTAÇÃO FEMININA

A partir do final da década de 50, a literatura de Jorge Amado passou a dar mais relevo ao humor, à sensualidade, à miscigenação e ao sincretismo religioso. Apesar de não terem estado ausentes de sua literatura, esses elementos passam agora a ocupar o primeiro plano, e seus romances apresentam um posicionamento político mais nuançado. Gabriela, cravo e canela, escrito em 1958, marca essa grande mudança. O escritor, porém, preferia dizer que com *Gabriela* houve "uma afirmação e não uma mudança de rota".

Nessa época, Jorge Amado passou a se interessar cada vez mais pelos ritos afro-brasileiros. Em 1957, conheceu Mãe Menininha do Gantois, e em 1959 recebeu um dos mais altos títulos do candomblé, o de obá Arolu do Axé Opô Afonjá. No mesmo ano, saiu na revista *Senhor* a novela *A morte e a morte de Quincas Berro Dágua*, considerada uma obra-prima, que depois seria publicada junto com o romance O *capitão-de-longo-curso* no volume Os *velhos marinheiros*. Mais tarde, viriam algumas de suas obras mais consagradas, como *Dona Flor e seus dois maridos*, *Tenda dos Milagres*, *Tereza Batista cansada de guerra* e *Tieta do Agreste*.

A nova fase de sua literatura compreende os livros protagonizados por figuras femininas, ao mesmo tempo sensuais, fortes e contestadoras. As mulheres inventadas por Jorge Amado consagraram-se no imaginário popular e ganharam as telas da televisão e do cinema. Nas décadas de 70, 80 e 90, os livros do autor viraram filmes e novelas, em adaptações realizadas por Walter George Durst, Alberto D'Aversa, Marcel Camus, Nelson Pereira dos Santos, Cacá Diegues, Bruno Barreto, Aguinaldo Silva, Luiz Fernando Carvalho, entre outros diretores e roteiristas. Glauber Rocha e João Moreira Salles realizaram documentários sobre o escritor.

A CASA DO RIO VERMELHO E A VIDA
ENTRE SALVADOR E PARIS

Jorge Amado vendeu os direitos de filmagem do livro *Gabriela, cravo e canela* para a Metro-Goldwyn-Mayer, em 1961. Com o dinheiro, comprou um terreno em Salvador e construiu uma casa, onde passou a morar com a família em 1963. A casa da rua Alagoinhas, no bairro do Rio Vermelho, era também uma espécie de centro cultural. Além de abrigar um grande acervo de arte popular, Jorge Amado e Zélia recebiam amigos artistas e intelectuais, e abriam as portas até para admiradores desconhecidos, de vários lugares do Brasil e do mundo.

Em 1983, Jorge e Zélia passaram a viver metade do ano em Paris, metade na Bahia. Na Europa, o escritor era reconhecido e celebrado como um dos maiores romancistas brasileiros. Usava o seu apartamento no charmoso bairro do Marais, um lugar mais tranquilo que sua movimentada casa em Salvador, como um refúgio para escrever.

Durante a década de 80, Jorge Amado escreveu O *menino grapiúna*, suas memórias de infância, e o romance *Tocaia Grande*, dois livros que retomam o tema da cultura cacaueira que marcou o início de sua carreira literária. Nessa época escreveu também O *sumiço da santa*. Em 1987, foi inaugurada a Fundação Casa de Jorge Amado, com sede em um casarão restaurado no Pelourinho. A Fundação possui em seu acervo publicações sobre o escritor, como teses, ensaios e outros textos acadêmicos, artigos de imprensa, registro de homenagens e cartas.

OS ÚLTIMOS ANOS

No começo da década de 90, Jorge Amado trabalhava em *Bóris, o vermelho*, romance que não chegou a concluir, quando redigiu as últimas notas de memória que compõem *Navegação de cabotagem*, publicado por ocasião de seus oitenta anos. Em 1992 recebeu de uma empresa italiana a proposta de escrever um texto de ficção sobre os quinhentos anos do descobrimento da América. Produziu a novela *A descoberta da América pelos turcos*, publicada no Brasil em 1994.

Durante a década de 90, a filha Paloma, ao lado de Pedro Costa, reviu o texto de suas obras completas, a fim de suprimir os erros que se acumularam ao longo dos anos e das sucessivas edições de seus livros. Em 1995, o autor foi agraciado com o Prêmio Camões, uma das maiores honrarias da literatura de língua portuguesa.

Em 1996, Jorge Amado sofreu um edema pulmonar em Paris. Na volta ao Brasil, foi submetido a uma angioplastia. Depois, recolheu-se à casa do Rio Vermelho, com um quadro clínico agravado pela cegueira parcial, que o deprimiu por impedi-lo de ler e escrever.

O escritor morreu em agosto de 2001, poucos dias antes de completar 89 anos. Seu corpo foi cremado e as cinzas enterradas junto às raízes de uma velha mangueira, no jardim de sua casa, ao lado de um banco onde costumava descansar, à tarde, em companhia de Zélia.

A CONSAGRAÇÃO E A RECUSA DA GLÓRIA

Ao longo das décadas, os livros de Jorge Amado foram traduzidos e editados em mais de cinquenta países. Seus personagens viraram nomes de ruas, batizaram estabelecimentos comerciais e foram associados a marcas de vários produtos. O escritor foi tema de desfiles de Carnaval, frequentou rodas de capoeira, envolveu-se com questões ambientais e teve suas histórias recriadas por trovadores populares ligados à poesia de cordel.

Além do reconhecimento que o fardão de imortal da Academia Brasileira de Letras proporcionou, o escritor recebeu o título de doutor *honoris causa* em universidades europeias e centenas de homenagens ao longo da vida. Mas orgulhava-se sobretudo das distinções concedidas no universo do candomblé. Não à toa, o romancista escolheu o orixá Exu, desenhado pelo amigo Carybé, como marca pessoal. Trata-se de uma figura da mitologia iorubá que simboliza o movimento e a passagem. Exu está associado à trangressão de limites e fronteiras. A escolha indica tanto a filiação à cultura popular mestiça baiana como a valorização da arte de transitar entre universos sociais e culturais diferentes.

Apesar de sua amizade com personalidades de destaque — como Pablo Neruda, Mario Vargas Llosa, Oscar Niemeyer, Darcy Ribeiro e Gabriel García Márquez — e do amplo reconhecimento de sua obra, Jorge Amado recusava pompa ou grandeza à sua trajetória de vida. Diz ele em *Navegação de cabotagem*: "Aprendi com o povo e com a vida, sou um escritor e não um literato, em verdade sou um obá". E mais adiante, anota: "Não nasci para famoso nem para ilustre, não me meço com tais medidas, nunca me senti escritor importante, grande homem: apenas escritor e homem".

ESTA OBRA FOI COMPOSTA POR ACOMTE EM
BERLING E IMPRESSA PELA RR DONNELLEY EM OFSETE SOBRE
PAPEL PÓLEN SOFT DA SUZANO PAPEL E CELULOSE PARA A
EDITORA SCHWARCZ EM JULHO DE 2012

A marca FSC® é a garantia de que a madeira utilizada na fabricação do papel deste livro provém de florestas que foram gerenciadas de maneira ambientalmente correta, socialmente justa e economicamente viável, além de outras fontes de origem controlada.